ORACIONES QUE TRAEN SANIDAD

JOHN ECKHARDT

CASA
CREACIÓN
A STRANG COMPANY

La mayoría de los productos de Casa Creación están disponibles a un precio con descuento en cantidades de mayoreo para promociones de ventas, ofertas especiales, levantar fondos y atender necesidades educativas. Para más información, escriba a Casa Creación, 600 Rinehart Road, Lake Mary, Florida, 32746; o llame al teléfono (407) 333-7117 en Estados Unidos.

Oraciones que traen sanidad por John Eckhardt
Publicado por Casa Creación
Una compañía de Strang Communications
600 Rinehart Road
Lake Mary, Florida 32746
www.casacreacion.com

A menos que se indique lo contrario, todos los textos bíblicos han sido tomados de la *Santa Biblia*, versión Reina-Valera, revisión 1960. Usada con permiso.

Las citas bíblicas marcadas con NVI han sido tomadas de la *Santa Biblia*, Nueva Versión Internacional. Copyright © 1999 por la International Bible Society. Usada con permiso.

Las citas bíblicas marcadas con LBLA han sido tomadas de la La Biblia de las Américas. Copyright © 1986, 1995, 1997 por The Lockman Foundation. Usada con permiso.

Traducido por: Pica6
Director de diseño: Bill Johnson

Originally published in the U.S.A. under the title: *Prayers that Bring Healing*;
Published by Charisma House, A Strang Company, Lake Mary, FL 32746 USA
Copyright © 2010 John Eckhardt
All rights reserved

Library of Congress Control Number: 2010925629
ISBN: 978-1-61638-067-0

10 11 12 13 * 7 6 5 4 3 2
Impreso en los Estados Unidos de América

ÍNDICE

Introducción

ESPERE SER SANADO

> Y he aquí una mujer enferma de flujo de sangre
> desde hacía doce años, se le acercó por detrás y tocó
> el borde de su manto.
>
> —Mateo 9:20

RECIENTEMENTE, EL SEÑOR me ha hecho sentir la impresión de compartir con el pueblo de Dios la importancia de demandar la operación de su unción. La palabra *demandar* significa "una búsqueda o estado de ser buscado". Significa proseguir a pesar de los obstáculos para llegar a un lugar donde está la unción y esperar que caiga sobre uno. La mujer con el flujo de sangre demandó la operación de la unción sanadora y recibió su milagro. Su expectativa era que una vez que se abriera paso entre la multitud, se abriera paso a través de años de tratamientos fallidos y se abriera paso en medio del estigma de ser inmunda, sería sanada.

Con demasiada frecuencia el pueblo de Dios no recibe milagros y sanidad porque no demanda la operación de la unción. No prosiguen porque no esperan que suceda algo milagroso.

Algunas veces los creyentes se permiten desanimarse. Déjeme decirle esto: No permita que el diablo lo convenza de no recibir su sanidad. Ponga sus pensamientos en Dios. Tiene que abrirse paso a través del desánimo y la frustración para que no se pierda de su milagro. No permita que nadie lo detenga. Tiene que proseguir: a través del tráfico, del estacionamiento, de la gente que viene entrando por la puerta, pero no se moleste. Manténgase en el Espíritu y llegue al lugar donde está la unción, estire su mano y obtenga su milagro. Así como la mujer que se abrió paso, extendió su mano y fue sanada al tocar el manto de Jesús, usted también puede proseguir, extender su mano y asir su sanidad.

¡LA SANIDAD DE DIOS ESTÁ DISPONIBLE PARA TODOS!

La sanidad está disponible para *todos* durante esta era del Reino. Es sorprendente que algunos cristianos sigan creyendo que Dios pone la enfermedad en su pueblo. Algunos quizá pregunten: "¿Dios por qué permitiste que esta enfermedad viniera sobre mi cuerpo?". Ellos sienten, o quizá algún líder de la iglesia les dijo, que es la voluntad de Dios para ellos que sufran la enfermedad y que no sean sanados. No obstante, eso no es bíblico. Dios no pone la enfermedad sobre *su* pueblo. Jesús murió para que pudiéramos ser sanados. Pero creo que hay ocasiones en las que Dios permite la enfermedad, especialmente por rebelión o desobediencia. Pero para el pueblo de Dios, podemos esperar vivir en salud y ser sanados de todas nuestras enfermedades gracias a lo que hizo Jesús en la cruz.

Cuando Jesús vino, anunció la llegada del Reino de Dios. En el Reino de Dios, donde mora su presencia y su gloria, no pueden coexistir el pecado o la enfermedad. Estamos ahora en el Reino de Dios, aunque no se haya manifestado completamente. No obstante, se puede establecer en su vida y en su corazón. Dondequiera que Jesús predicaba el mensaje del Reino, sanaba a la gente. La sanidad acompaña el mensaje del Reino. Esta es la era del Reino en la que usted no tiene que estar enfermo, en bancarrota o atropellado por el diablo. ¡Esas son BUENAS NOTICIAS! Usted ya no tiene que estar enfermo, en quiebra o confundido. La enfermedad y las dolencias son obras del diablo, en cambio Jesús vino "y despojando a los principados y a las potestades, los exhibió públicamente, triunfando sobre ellos en la cruz" (Colosenses 2:15).

La sanidad viene en el paquete. Cuando usted está en Cristo, puede esperar ser sanado. Marcos 16:17–18 dice: "Y estas señales seguirán a los que creen: En mi nombre echarán fuera demonios; hablarán nuevas lenguas; tomarán en las manos serpientes, y si bebieren cosa mortífera, no les hará daño; sobre los enfermos pondrán sus manos, y sanarán". Así que usted no solamente debería esperar ser sanado, sino que usted también debería saber que puede compartir esa sanidad con los que lo rodean. Esa es la verdadera vida del Reino.

JESÚS SANA TODO TIPO DE ENFERMEDAD

La enfermedad y los padecimientos son lo peor que le puede suceder a un individuo. Jesús se preocupa por la gente. Se preocupa por las cosas que convierten la vida abundante por la que Él pago en algo miserable e insoportable. Por eso que no fue problema para Él romper leyes religiosas hechas por hombres y tradiciones añejas con el fin de asegurarse de que la gente fuera sanada. Tuvo una gran compasión por las personas que vinieron a ser sanadas. En Mateo 9:36, la Biblia dice que "al ver las multitudes, tuvo compasión de ellas; porque estaban desamparadas y dispersas como ovejas que no tienen pastor". Jesús se preocupa profundamente de que usted tenga dolor o esté sufriendo. Él no quiere eso para usted. Por eso es que abrió un camino para que cada enfermedad, padecimiento, malestar, disfunción y dolor fuera sanado y que usted pueda ser restaurado.

Cuando Jesús caminó sobre la tierra, no hubo nada que Jesús no pudiera sanar. Cuando se fue, envió al Espíritu Santo, quien opera en nosotros para gozar de toda la salvación que Jesús pagó en la cruz. De modo que sepamos que lo que fue bueno para la gente de entonces es bueno para nosotros hoy, porque Jesús es el mismo ayer, hoy y para siempre (Hebreos 13:8). Dios no cambia (Malaquías 3:6). En Él no hay sombra de variación (Santiago 1:17). Gracias a la fidelidad de Dios podemos confiar en que si sanó entonces, puede sanar hoy.

Mateo 4:23 dice: "Y recorrió Jesús toda Galilea, enseñando en las sinagogas de ellos, y predicando el evangelio del reino, y sanando *toda enfermedad* y *toda dolencia* en el pueblo" (énfasis añadido). Jesús sanó toda enfermedad o dolencia que tenía la gente que vino a Él, sin excepción. No había nada demasiado difícil para Él. Así que no permita que el diablo o el médico le diga que padece algo que es incurable. Quizá sea incurable para el doctor, pero no es incurable para Jesucristo.

Y cuando llegó la noche, trajeron a él muchos
endemoniados; y con la palabra echó fuera a los
demonios, y sanó a todos los enfermos.

—Mateo 8:16

A partir del versículo anterior, no parece que Jesús le dijera a
la gente que no era la voluntad de Dios que fueran sanados o que
Dios quisiera que sufrieran. Nunca dijo: "Dios quiere que usted
tenga esto un rato más para enseñarle algo".

El profeta Isaías dice que Jesús llevó nuestras enfermedades
y sufrió nuestros dolores (Isaías 53:4). En Mateo 8:17, dice que
tomó nuestras enfermedades y llevó nuestras dolencias. ¿Qué
causa tanto dolor y sufrimiento? La enfermedad y las dolencias.
Cuando uno no es saludable, no puede disfrutar de las bendiciones y la plenitud de Dios.

Isaías 53 es el capítulo de la redención. El versículo 5 habla de
ser sanado por las llagas de Jesús. La Biblia dice que Jesús recibió
treinta y nueve latigazos sobre su espalda y su cuerpo. Hay
treinta y nueve categorías principales de enfermedad y dolencia.
Cada latigazo que Jesús soportó se encargó de una enfermedad y
dolencia distinta.

La versión literal en inglés de la Biblia de Young, *Young's
Literal Translation,* traduce Isaías 53:4 de esta manera: "Ciertamente el ha llevado nuestras enfermedades y ha cargado nuestros
dolores". Dios ni siquiera quiere que la gente tenga dolor. Se
gastan millones de dólares en aliviar el dolor. Dolor de muelas,
de cabeza, de cuello, de oído, de coyunturas, de espalda; Jesús lo
libera a usted del dolor. El dolor no es la voluntad de Dios para

usted. Jesús murió para que pudiera ser sanado de la enfermedad *y* el dolor.

CÓMO PUEDE SER SANADO

Dios tiene muchas manera de sanarnos basándose en la obra redentora de Cristo. Es algo por lo que Jesús ya pagó, algo por lo que sufrió. Su deseo de que usted sea sanado y camine en sanidad divina es la razón por la que Él pasó por tanto dolor y sufrimiento. Estaba tomando sobre sí mismo el dolor y el sufrimiento de la humanidad. Por lo tanto, Él estaba haciendo que la sanidad estuviera disponible para usted a través de muchas avenidas. Las cuales son:

1. Sanidad por medio de la imposición de manos (Lucas 4:40).

No les dijo que no era la voluntad de Dios que fueran sanados. Todos los que vinieron a Jesús fueron sanados. Sin excepción.

2. Sanidad a través de la liberación (Mateo 8:16).

Los demonios pueden ser la razón por la que la gente está enferma. Posiblemente tenga un espíritu de enfermedad. También consulte Lucas 8:2.

3. Sanidad gracias a romper maldiciones (Gálatas 3:13).

Hay personas aquejadas con demonios generacionales de enfermedad como diabetes, hipertensión, ciertas condiciones cardiacas y más. Si hay una maldición generacional que está activando la enfermedad en su cuerpo, sepa que gracias a que Jesús fue hecho maldición por nosotros, usted le puede decir al diablo que no puede poner esta enfermedad en su cuerpo. Dígale:

"No me importa si mi mamá, mi abuela o mi bisabuela tuvieron esta enfermedad, la maldición se termina aquí. La rompo en el nombre de Jesús". ¡Comience a levantarse y utilice su autoridad! Diga: "No soy maldito. Estoy bendecido. Mi cuerpo es bendecido con sanidad, en el nombre de Jesús".

4. Sanidad por medio de ungir con aceite (Marcos 6:13).

Ungir con aceite representa al Espíritu de Dios y la unción. La unción es lo que echa fuera la enfermedad y la dolencia de nuestro cuerpo. La unción rompe yugos de cautividad (Isaías 10:27) y la enfermedad es una forma de cautiverio.

5. Sanidad a través de la fe (Marcos 11:23).

Para algunas personas, la enfermedad es una montaña. Siempre está en su camino. Parece que es algo que no pueden vencer. Pero Marcos 11:23 dice que cuando uno tiene fe y no duda, puede hablarle a la montaña y se va a mover. Así que háblele a esa montaña de enfermedad; ¡no la escale! Usted tiene que hablarle a las montañas: "¡Lupus, eres removido y echado al mar!", "¡Cáncer, eres removido y echado al mar!", pero no dude en su corazón. Por eso es que tiene que tener cuidado de guardar su corazón. No pase el tiempo con personas que dudan. Mantenga su corazón libre de duda e incredulidad. Va a venir un tiempo en el que usted va a tener que hablarle a ciertas cosas. Cada vez que una montaña se interponga en su camino, en lugar de que usted se dé la vuelta y salga corriendo, necesita enfrentarla y decir: "¡Quítate!". Crezca en fe. Abra su boca y háblele a la enfermedad. Diga: "Le ordeno a esta enfermedad que deje mi cuerpo en el nombre de Jesús". Marcos 11:23 dice: "[…] lo que diga [...]". Esto ni siquiera se trata de la oración. Esto es solamente hablar y decir. ¡Sólo habrá que decir ciertas cosas! "Lo que diga le será hecho."

6. Sanidad mediante poder o un toque (Marcos 5:29–30).

El poder de Jesús puede estar en usted si ora y ayuna. Lucas 6:19 dice: "Y toda la gente procuraba tocarle, porque poder salía de él y sanaba a todos". La adoración es una manera de estirar la mano y tocar el corazón de Dios. Los verdaderos adoradores saben cómo entrar en la presencia de Dios. A medida que usted se acerque en adoración pura, será como las multitudes de la época de Jesús: "Y le rogaban que les dejase tocar solamente el borde de su manto; y todos los que lo tocaron, quedaron sanos" (Mateo 14:36). "Mas la hora viene, y ahora es, cuando los verdaderos adoradores adorarán al Padre en espíritu y en verdad; porque también el Padre tales adoradores busca que le adoren" (Juan 4:23). ¿Es esta su hora?

7. Sanidad mediante la presencia de Dios (Lucas 5:17).

"Y el poder del Señor estaba con él para sanar." La alabanza y la adoración tienen el propósito de invitar la presencia de Dios de manera que la gente sea sanada. No es calistenia para el mensaje.

8. Sanidad a través de la oración (Mateo 21:22).

La palabra "todo" incluye la sanidad. Santiago 5:16 dice que debemos confesar nuestras faltas y orar unos por otros para que seamos sanados. Algunas veces la sanidad no viene hasta que uno confiesa sus faltas y deja que alguien ore por él. Algunas veces la clave es la humildad.

9. Sanidad por medio de dones de sanidades (1 Corintios 12:9, 28).

Cuando Jesús dejó la tierra, dijo que haríamos mayores obras que las que Él hizo. También dijo que enviaría un ayudador para instruirnos y guiarnos en esas obras mayores. El Espíritu Santo vino entre los hombres para hacer su morada dentro de nosotros, dándonos la capacidad sobrenatural de llevar a cabo las obras de Cristo. Él lo logra gracias a que nos enviste de varios dones que trabajan juntos para traer a su pueblo a una relación con Dios. Uno de estos dones es el don de sanidad.

> Pero a cada uno le es dada la manifestación del Espíritu para provecho. Porque a éste es dada por el Espíritu palabra de sabiduría; a otro, palabra de ciencia según el mismo Espíritu; a otro, fe por el mismo Espíritu; y a otro, dones de sanidades por el mismo Espíritu. A otro, el hacer milagros; a otro, profecía; a otro, discernimiento de espíritus; a otro, diversos géneros de lenguas; y a otro, interpretación de lenguas. Pero todas estas cosas las hace uno y el mismo Espíritu, repartiendo a cada uno en particular como él quiere […] Y a unos puso Dios en la iglesia, primeramente apóstoles, luego profetas, lo tercero maestros, luego los que hacen milagros, después los que sanan, los que ayudan, los que administran, los que tienen don de lenguas.
>
> —1 Corintios 12:7–11, 28

10. Sanidad gracias al ayuno (Isaías 58:8).

Cuando usted ayuna según la manera en que Dios lo guíe, Él dice que "entonces nacerá tu luz como el alba, y tu salvación se dejará ver pronto; e irá tu justicia delante de ti, y la gloria del Señor será tu retaguardia". Según este versículo, usted será sanado cuando ayune, pero todavía mejor, el ayuno puede servir como medicina preventiva. Dice: "La gloria del Señor será tu retaguardia". En otras palabras, la enfermedad no le puede llegar por sorpresa. Dios le cuida las espaldas. Mientras todos los demás están contagiándose de influenza A H1N1, usted está saludable. Aunque no hay cura para el resfriado común, usted navega a través de la temporada de frío sin un solo síntoma, estornudo o tos.

Luego están esos momentos en lo que nada más funcionará excepto el sacrificio de no comer, un tiempo de rendir su carne al Espíritu de Dios que trae vida. Jesús habló de esto en Mateo 17:21: "Pero este género no sale sino con oración y ayuno".

11. Sanidad por medio de la Palabra (Salmos 107:20).

La Biblia dice que Dios "envió su palabra, y los sanó, y los libró de su ruina" (Salmos 107:20). También sabemos que la Palabra de Dios no vuelve a Él vacía. Sino que hace todo aquello por lo que fue enviada (Isaías 55:11). Si Él le habla sanidad, entonces usted es sanado. Jesús dijo que no solamente de pan viviría el hombre sino de toda palabra que sale de la boca de Dios. Por eso es que es tan importante para su sanidad aprender y meditar la Palabra de Dios. Declare que según la Palabra de Dios usted "no morirá, sino que vivirá, y contará las obras del Señor" (Salmos

118:17). Lea la Palabra. Confiese la Palabra. Obtenga versículos que hablen de sanidad. Confíe en Dios porque su Palabra hará en usted todo lo que Él quiere.

12. Sanidad a través de paños o ropa (Hechos 19:12).

La unción de sanidad es transferible. Puede ser por la ropa. Es tangible. Hemos orado sobre paños de oración en mi iglesia, y la gente ha sido sanada. Hace años mientras estaba predicando en Etiopía, me quité la camisa después de ministrar y la corté en pequeños pedazos de tela. Los repartimos entre las personas reunidas, y escuchamos muchos testimonios de sanidad. Una persona quemó la tela en casa de su madre enferma y el humo del paño la sanó. Ya tenía en cama muchos años y se levantó de la cama sanada. En otros países no tienen doctores y hospitales como nosotros en los Estados Unidos. Ellos tienen que creer en Dios. Están desesperados por la sanidad. No tienen todas las medicinas de prescripción, seguros de salud, Medicaid y Medicare. Así que vienen a las reuniones creyendo que si no obtienen su sanidad allí, no van a salir del problema. Tienen una alta expectación y una alta fe. Dios honra la fe.

> Cuando le conocieron los hombres de aquel lugar, enviaron noticia por toda aquella tierra alrededor, y trajeron a él todos los enfermos; y le rogaban que les dejase tocar solamente el borde de su manto; y todos los que lo tocaron, quedaron sanos.
>
> —Mateo 14:35–36

Y hacía Dios milagros extraordinarios por mano de Pablo, de tal manera que aun se llevaban a los enfermos los paños o delantales de su cuerpo, y las enfermedades se iban de ellos, y los espíritus malos salían.

—Hechos 19:11–12

DECLARACIONES DE SANIDAD

Por las llagas de Jesús he sido sanado. Tomó mi enfermedad; llevó mi dolor. Creo que es la voluntad de Dios que yo sea sano.

En el nombre de Jesús, rompo toda maldición de enfermedad, de dolencia y de muerte prematura de mi cuerpo.

En el nombre de Jesús, rompo toda maldición de brujería y destrucción sobre mi cuerpo de ambos lados de mi familia.

En el nombre de Jesús, le hablo a toda enfermedad en mi cuerpo y le ordeno que se vaya.

En el nombre de Jesús, le hablo a la diabetes, la hipertensión, el cáncer, el ataque cardiaco, la embolia y la esclerosis múltiple. Sean removidas y echadas al mar.

Le hablo a los problemas de corazón, riñón, espalda, pulmón e hígado. Sean removidos y echados al mar.

Le hablo a los problemas sanguíneos, esqueléticos y óseos. Sean removidos y echados al mar.

Le hablo al lupus y a cualquier otra enfermedad. Les ordeno que se vayan de mi cuerpo.

A cada enfermedad y dolencia oculta les ordeno que se vayan de mi cuerpo en el nombre de Jesús.

Artritis, dolor y reumatismo, deben irse en el nombre de Jesús.

Le ordeno a todo dolor que se vaya de mi cuerpo en el nombre de Jesús.

Vengo en contra de cualquier problema de la piel en el nombre de Jesús.

Le digo a las infecciones que se vayan de mi cuerpo en el nombre de Jesús.

Le hablo a los problemas respiratorios, asma, fiebre del heno, sinusitis, congestión del pecho y neumonía que se vayan de mi cuerpo en el nombre de Jesús.

Los problemas en las coyunturas deben irse en el nombre de Jesús.

Vengo en contra de cualquier problema y enfermedad que me afecten como mujer: lupus, quistes de fibromas y tumores en los órganos femeninos. ¡Ordeno que se mueran esos tumores! Suelto el fuego de Dios para quemarlos en el nombre de Jesús.

Vengo en contra de problemas nerviosos, insomnio y reflujo ácido. Dios no me ha dado espíritu de temor, sino de amor, poder y dominio propio.

Los problemas de corazón y circulatorios, los ritmos cardiacos irregulares y la embolia deben dejar mi cuerpo. Soy templo del Espíritu Santo. Váyanse en el nombre de Jesús.

Le hablo a los desórdenes digestivos y a las alergias a ciertos alimentos. No tienen lugar en mi cuerpo. Deben irse en el nombre de Jesús.

Rompo cualquiera y todas las adicciones a las píldoras analgésicas en el nombre de Jesús.

Discos deteriorados; discos herniados; problemas de médula espinal, espalda y cuello: sean realineados y acomodados de vuelta en su lugar en el nombre de Jesús.

Libero milagros de sanidad en mi cuerpo en el nombre de Jesús.

Creo en Dios por milagros de sanidad en mi vida y en mi familia dondequiera que vaya en el nombre de Jesús.

Gracias, Señor, por sanarme y liberarme de toda enfermedad y de todo dolor en el nombre de Jesús.

Le hablo a todo problema: deben obedecer.

Declaro milagros, sanidades, señales y prodigios. Sean soltados en mí en el nombre de Jesús.

Gracias, Señor, porque la salud y la sanidad están viniendo ahora.

ECHAR FUERA y RENUNCIAR AL ESPÍRITU DE ENFERMEDAD

Señor, perdóname por permitir que cualquier temor, culpa, autorechazo, odio a mí mismo, falta de perdón, amargura, pecado, soberbia o rebelión haya abierto la puerta a cualquier enfermedad o padecimiento. Renuncio a estas cosas en el nombre de Jesús.

Jesús llevó mis enfermedades y mis dolencias (Mateo 8:17).

Rompo, reprendo y echo fuera a todo espíritu de cáncer que intente establecerse en mis pulmones, mis huesos, mi pecho, garganta, espalda, columna, hígado, riñones, páncreas, piel o estómago, en el nombre de Jesús.

Reprendo y echo fuera todo espíritu que cause diabetes, hipertensión, presión baja, infarto, embolia, falla renal, leucemia, enfermedades sanguíneas, problemas respiratorios, artritis, lupus, Alzheimer o insomnio en el nombre de Jesús.

Echo fuera a todo espíritu de enfermedad que haya entrado en mi vida mediante la soberbia y el orgullo, en el nombre de Jesús.

Echo fuera a todo espíritu de enfermedad que haya entrado en mi vida mediante un trauma o accidentes, en el nombre de Jesús.

Echo fuera a todo espíritu de enfermedad que haya entrado en mi vida mediante el rechazo, en el nombre de Jesús.

Echo fuera a todo espíritu de enfermedad que haya entrado en mi vida mediante la brujería, en el nombre de Jesús.

Reprendo toda enfermedad que quiera venir a carcomer mi carne en el nombre de Jesús (Salmos 27:2).

Rompo toda maldición de malestar y enfermedad, y le ordeno a todo espíritu hereditario de enfermedad que salga (Gálatas 3:13).

Ninguna plaga o enfermedad se acercará a mi morada (Salmos 91:10).

Le ordeno a todo germen o enfermedad que toque mi cuerpo, que muera en el nombre de Jesús.

Soy redimido de la dolencia y la enfermedad (Gálatas 3:13).

Me libero de toda enfermedad (Lucas 13:12).

Capítulo 1

¿Qué tanto vale?

> Y el espíritu inmundo, sacudiéndole con violencia,
> y clamando a gran voz, salió de él [...] Y muy
> pronto se difundió su fama por toda la provincia
> alrededor de Galilea [...] Cuando llegó la noche,
> luego que el sol se puso, le trajeron todos los que
> tenían enfermedades, y a los endemoniados; *y toda
> la ciudad se agolpó a la puerta.* Y sanó a muchos
> que estaban enfermos de diversas enfermedades, *y
> echó fuera muchos demonios.*
>
> —Marcos 1:26, 28, 32–34,
> énfasis añadido

CUANDO LA GENTE se enteró de que Jesús venía a su región, se abrió paso para conocerlo. Algunos viajaron de lejos a pie o en burro. Algunos se quedaron con Él durante días interminables sin comida. Algunos que estaban lisiados o mutilados fueron llevados a la ciudad por sus amigos y familiares. Los amigos de una persona abrieron el techo y la bajaron dentro de la casa donde Jesús estaba de visita. Multitudes de personas se empujaban entre sí bajo el riesgo de ser aplastados solamente para acercarse a Jesús. Su sanidad, liberación y hambre por la Palabra eran tan valiosos para ellos que hicieron una pausa en su vida y arriesgaron su seguridad. Sabían que si podían simplemente estar en la presencia de Jesús, se calmarían todas sus preocupaciones y sus necesidades serían saciadas.

¿Cuánto vale para usted su sanidad? ¿Está dispuesto a viajar grandes distancias, dejar de comer, enfrentar grandes multitudes y hacer todo lo necesario para llegar al lugar en el que la unción está activa y es eficaz?

La gente vino a escuchar a Jesús porque Él generó una demanda al liberarlos. Cuando la gente escucha acerca de milagros, se reúne para escuchar la Palabra de Dios. Vienen con expectación y fe, y beben de la unción del siervo de Dios. *No hay sustituto para los milagros.* Van a provocar que venga hambre al corazón de la gente. Los corazones hambrientos siempre se reúnen y exigen la operación de la unción.

Si queremos personas hambrientas, debemos tener milagros. Algunas iglesias se preguntan por qué su gente está tan indiferente y apática por servir a Dios. La gente apenas y llega a los servicios. Algunos pastores intentan todo tipo de programas para incrementar la emoción de la gente, pero no hay sustitutos de hacerlo a la manera de Dios. Donde hay milagros, se reúne la gente. Los milagros incrementan la autenticidad de nuestra salvación, y la gente llega a valorar la presencia de Dios más y más. Los niveles de fe se elevan cuando suceden milagros.

> E inmediatamente se juntaron muchos, de manera que ya no cabían ni aun a la puerta; y les predicaba la palabra.
>
> —Marcos 2:2

A medida que la gente se juntó para escuchar la Palabra, no había suficiente espacio. Ese fue el resultado de: "Y muy pronto se difundió su fama por toda la provincia alrededor de Galilea". Me gusta ministrar en lugares abarrotados. Cuando una iglesia está llena, hay un nivel más alto de expectativa y fe entre la gente. Muestra cuántas personas de la zona valoran la unción y cuánto desean ser sanadas. Cuando una iglesia está medio llena, parece ser que es más difícil ministrar. Necesitamos la unción para edificar iglesias, pero también necesitamos la unción para llenarlas. He estado en iglesias con lugar para miles a las que solamente asisten unos cien.

Algunos van solamente porque el pastor les dice, o porque tienen el hábito de ir a la iglesia. Los milagros, las profecías y la sanidad no fluyen del siervo de Dios en el grado que fluirían si hubiera demanda por ellas. Por supuesto, un ministro puede avivar los dones de Dios y ministrar por fe. No obstante, cuando la fe de la gente está elevada, es mucho más fácil ministrar. El dar y recibir de la unción es una relación de toma y daca. Entre usted más desee recibir, más valor tiene para usted, entre más la demande y se llene de ella, más el Espíritu Santo inundará al ministro con la unción necesaria para que todos los que sean tocados sean sanados.

Jesús no pudo hacer *muchos* milagros en su propia ciudad a causa de la incredulidad. La incredulidad obstaculiza el fluir de la unción. La fe libera el fluir. Los incrédulos no demandan la unción, pero los creyentes sí.

Entre más personas escuchen y sean enseñados en la unción, mayor será la capacidad de demandar su operación. Como pastor de una iglesia local, le enseño a los miembros acerca de los diferentes dones y unciones. Cuando enseño acerca de los dones de sanidades, esto edifica su fe para la sanidad. Cuando los ministros vienen a ministrar a nuestra iglesia, les digo a los miembros acerca de la unción en la vida de la persona. Ellos entonces tienen la responsabilidad de extraer de, así como de demandar la operación de esa unción por su fe.

Usted descubrirá que la mayoría de las personas que recibieron milagros de Jesús vinieron o fueron traídas a Él. Muchos le suplicaron.

> Y aconteció que el padre de Publio estaba en cama, enfermo de fiebre y de disentería; y entró Pablo a verle, y después de haber orado, le impuso las manos, y le sanó. Hecho esto, también los otros que en la isla tenían enfermedades, venían, y eran sanados; los cuales también nos honraron con muchas atenciones; y cuando zarpamos, nos cargaron de las cosas necesarias.
>
> —Hechos 28:8–10

Después de que el padre de Publio fue sanado, todos en la isla de Malta acudieron a ser sanados. Ese solo milagro incrementó el valor de la unción de Pablo. Y generó que la gente hiciera todo lo que pudiera para obtener un poco de lo que tenía Pablo. Observe que honraron a Pablo con muchas atenciones. Honrar al siervo de Dios es clave para recibir de la unción en su vida. Vamos a hablar más acerca de la honra en otro capítulo.

La Escritura declara que la gente vino. Vino con los enfermos, esperando ser sanados. Pusieron en acción su fe y vinieron.

Los santos apáticos y pasivos no reciben de la unción. No podemos ser pasivos y esperar recibir de estos dones. Debemos ser activos con nuestra fe. La gente tiene que tener hambre y sed por las cosas del Espíritu. Las almas hambrientas siempre buscan recibir de la unción.

¿Cuánto vale para usted su sanidad? ¿Qué tan lejos seguirá la guía de Dios para capitalizar sobre todo lo que Él tiene para usted?

ORACIONES QUE INCREMENTAN EL HAMBRE POR LA UNCIÓN DE SANIDAD

Oh, Dios, déjame verte cara a cara para que mi alma sea librada (Génesis 32:30–31).

Seguiré las instrucciones del hombre de Dios, para que mi cuerpo sea restaurado como el de un niño y que sea limpiado (2 Reyes 5:14).

Declaro que todo está bien para mi familia y para mí, sin importar como se vean las cosas delante de mis ojos naturales. Voy a ir a buscar al hombre de Dios para que extienda su unción sobre los lugares muertos de nuestra salud. Él soplará en nosotros, y nos levantaremos a una nueva vida (2 Reyes 4:8–37).

Te seguiré, Señor Jesús. Clamo a ti: "¡Hijo de David, ten

misericordia de mí!". Creo que puedes sanarme y restaurarme. Tócame y deja que sea conforme a mi fe (Mateo 9:27–30).

Hijo de David, ten misericordia de mí y no me despidas. He venido de una región lejana clamando a ti por sanidad. Te adoro, oh Señor. ¡Socórreme! Estoy hambriento incluso por las migajas que caen de tu mesa. Que venga mi sanidad a mí como quiero (Mateo 15:22–28).

Jesús, vengo a ti en medio de la multitud. Estoy más hambriento por tu sanidad que por alimento. Siento tu compasión por mí y sé que me vas a sanar (Mateo 15:30–33).

Ayunaré según me dirijas. Luego sabré que mi sanidad nacerá como el alba. Mi sanidad se dejará ver pronto (Isaías 58:6–8).

He caminado delante de ti, oh Señor, en verdad y con íntegro corazón. He hecho las cosas que te agradan. Lloro con gran lloro delante de ti. Sé que has escuchado mi oración y visto mis lágrimas. Con toda seguridad me sanarás (2 Reyes 20:3–5).

Me humillo delante de ti, oh Dios. Y oro y busco tu rostro. Me convierto de mis malos caminos. Luego sé que escucharás desde los cielos. Perdonarás mis pecados y me sanarás (2 Crónicas 7:14).

Ten misericordia de mí, oh Señor, porque estoy enfermo. Sáname, porque mis huesos se estremecen (Salmos 6:2).

Señor, ten misericordia de mí y sana mi alma (Salmos 41:4).

Declaro que es mi tiempo de ser sanado (Eclesiastés 3:3).

Has visto mis caminos y me sanarás. También me pastorearás y me darás consuelo a mí y a mis enlutados (Isaías 57:18).

Hay alabanza en mis labios. Paz a mí, porque el Señor me sanará (Isaías 57:19).

Sáname, oh Señor, y seré sano; sálvame, y seré salvo; porque tú eres mi alabanza (Jeremías 17:14).

Tú harás venir sanidad sobre mí y sanarás mis heridas (Jeremías 30:17).

Tú me traerás sanidad y medicina. Tú me curarás y me revelarás abundancia de paz y de verdad (Jeremías 33:6).

Tú has dicho: "Yo iré y le sanaré" (Mateo 8:7).

El poder del Señor está presente para sanarme (Lucas 5:17).

Permite que las noticias de tu poder sanador, oh Señor, tengan un efecto multiplicador, haciendo que los de cerca y los de lejos vengan y sean sanados (Hechos 28:8–10).

Que se junten muchos de manera que ya no quepan más, y que puedan escuchar la Palabra y sean sanados (Marcos 2:2).

Me abriré paso entre la multitud, me abriré paso entre el tráfico, y no dejaré que nadie me detenga hasta estar en tu presencia.

Si tocare tan solamente tu manto, sé que seré salvo (Marcos 5:27–28).

Tengo hambre y sed de tu justicia y sé que seré saciado (Mateo 5:6).

SANIDAD A TRAVÉS DE DEJAR EL ENOJO, LA AMARGURA Y LA FALTA DE PERDÓN

Enojo

Dejaré la ira y desecharé el enojo para mantenerme conectado con Dios. Si espero en Él, heredaré la tierra (Salmos 37:8–9).

Todo mi cuerpo está enfermo y mi cuerpo está quebrantado a causa de mis pecados. Pero confieso mis pecados, y me contristo por lo que he hecho. No me desampares, oh Señor. Apresúrate a ayudarme, oh Señor, mi salvación (Salmos 38:3, 18, 22).

Hablaré palabras blandas, palabras amables y palabras de vida para alejar la ira y el enojo de mí. No atormentaré a nadie con mis palabras (Proverbios 15:1).

Apaciguaré la rencilla contra mi salud y mi familia a través de ser tardo para airarme (Proverbios 15:18).

Soy mejor que el fuerte porque controlo mi ira. Hay más ganancia en controlar mi espíritu que en tomar una ciudad (Proverbios 16:32).

Utilizo cordura para detener mi furor; adquiero honra al pasar por alto la ofensa (Proverbios 19:11).

No pecaré contra mí mismo enfureciendo al Rey (Proverbios 20:2).

Calmaré el furor con una dádiva en secreto (Proverbios 21:14).

Declaro que el reinado de la ira en mi vida terminará (Proverbios 22:8).

Echo fuera la furia y la destrucción de la ira y el enojo. Ya no inundarán mis emociones (Proverbios 27:4).

No me apresuraré al enojo y evitaré que sus garras reposen en mi seno (Eclesiastés 7:9).

Que todo enojo sea quitado de mí (Efesios 4:31).

Soy un nuevo hombre, renovado conforme a la imagen del que me creó; por lo tanto, dejo la ira (Colosenses 3:8–10).

No desalentaré a mis hijos exasperándolos (Colosenses 3:21).

Amargura

Señor, te entrego la amargura de mi alma. Por favor mira mi aflicción y acuérdate de mí. Me iré en paz porque me has otorgado mi petición (1 Samuel 1:10–11, 17).

Hablaré sin freno a ti, oh Señor, y te entregaré toda mi amargura a ti (Job 7:11).

Te hablaré, Dios, en la amargura de mi alma. Me harás entender por qué mi espíritu contiende con el tuyo (Job 10:1–2).

Declaró que no moriré en amargura de ánimo, y que comeré con gusto (Job 21:25).

Mi corazón conoce la amargura de mi alma (Proverbios 14:10); te la entrego a ti.

Criaré hijos sabios que no me causen pesadumbre o amargura (Proverbios 17:25).

Me sobrevino grande amargura, pero en amor libraste mi vida del hoyo de corrupción. Porque echaste tras tus espaldas todos mis pecados (Isaías 38:17).

Estaba en amargura, en la indignación de mi espíritu, pero la mano del Señor es fuerte sobre mí (Ezequiel 3:14).

Me arrepiento de mi maldad y le ruego a Dios que los pensamientos de mi corazón sean perdonados, porque estoy en prisión de amargura y maldad (Hechos 8:21–23).

Mi boca está llena de maldición y amargura, pero me has mostrado un mejor camino y me has hecho justo a tus ojos (Romanos 3:14, 21–22).

Diligentemente busco dentro de mí mismo de manera que no sea contaminado por ninguna raíz de amargura que pudiera brotar. 12:15).

Perdón

Iré con mi hermano y le pediré que perdone mi pecado en su contra (Génesis 50:17).

Ruego que mi hermano me perdone para que cuando vaya delante de Dios, quite de mí esta plaga mortal (Éxodo 10:17).

Como Moisés, vengo a ti pidiendo tu perdón a favor de tu pueblo y de mí mismo. Gracias, Dios, que perdonas a los que pecaron en tu contra, porque los has raído de tu libro (Éxodo 32:32–33).

Dios, te agradezco que cuando escuchas nuestras oraciones también nos perdonas (1 Reyes 8:30).

Tú has escuchado desde los cielos, has perdonado mi pecado y me has vuelto a la tierra que diste a mis padres (1 Reyes 8:34).

Has escuchado en los cielos, has perdonado mi pecado y me has enseñado el buen camino en que ande (1 Reyes 8:36).

Tú has escuchado desde los cielos, has perdonado mi pecado y me darás conforme a mis caminos porque conoces mi corazón (1 Reyes 8:39).

Perdona todos mis pecados y ten misericordia de mí (1 Reyes 8:50).

Llevo tu nombre y me he humillado delante de ti. Oro y te busco y he abandonado mi mala conducta. Ahora Tú escucharás desde los cielos y perdonarás mis pecados y me sanarás (2 Crónicas 7:14).

Mira mi aflicción y mi trabajo, y perdona todos mis pecados (Salmos 25:18).

Porque Tú, Señor, eres bueno y perdonador, y grande en misericordia para con todos los que te invocan (Salmos 86:5).

El Señor declara que perdonará mi maldad y que no se acordará más de mi pecado (Jeremías 31:34).

Oye, Señor; oh Señor, perdona; presta oído, Señor, y hazlo; porque tu nombre es invocado sobre mí (Daniel 9:19).

Señor, perdóname como yo perdono a otros (Mateo 6:12).

Perdonaré a los hombres sus ofensas, porque de no hacerlo, Dios no me perdonaría (Mateo 6:14–15).

Me has sanado y me has dicho: "Levántate, toma tu cama, y vete a tu casa", para que sepa que tienes potestad en la tierra para perdonar pecados (Mateo 9:6).

Como al siervo que le debía al rey diez mil talentos, a mí también se me ha perdonado mucho. Por lo tanto, iré y perdonaré a todos los que han pecado contra mí para no ser entregado a los verdugos (Mateo 18:23–35).

Perdonaré a cualquier persona contra la que tenga algo, para que cuando esté orando, mi Padre que está en los cielos me perdone a mí también (Marcos 11:25).

Perdonaré a otros y seré perdonado (Lucas 6:37).

Perdóname mis pecados, porque también yo perdono a todos los que siento que están endeudados conmigo. No me metas en tentación, mas líbrame del mal (Lucas 11:4).

Si mi hermano me lastima, le voy a decir que me lastimó. Si me pide perdón, lo voy a perdonar. Si me sigue lastimando y me pide perdón cada vez, lo voy a perdonar cada vez (Lucas 17:3–4).

Con Jesús oro: "Padre, perdónalos, porque no saben lo que hacen" (Lucas 23:34).

Declaro que Satanás no ganará ventaja alguna sobre mí, porque camino en perdón como Cristo. Y no ignoro las maquinaciones del diablo (2 Corintios 2:10–11).

Confieso mis pecados delante de Dios, y sé que Dios es fiel y justo para perdonarme y limpiarme de toda maldad (1 Juan 1:9).

Confieso mis ofensas a mis hermanos, y oramos unos por otros para que seamos sanados, porque la oración eficaz del justo puede mucho (Santiago 5:16).

He sido enviado a los gentiles para que abra sus ojos, se conviertan de las tinieblas a la luz, y sean librados de la potestad de Satanás, para que reciban perdón (Hechos 26:18).

Por medio de la sangre de Cristo, he sido redimido y he recibido perdón de mis pecados, conforme a las riquezas de su gracia (Efesios 1:7).

Padre Dios, Tú me has librado del poder de las tinieblas y trasladado al Reino de tu Hijo, en quien tengo redención y el perdón de todos mis pecados (Colosenses 1:13-14).

SANIDAD POR MEDIO DE LA OBEDIENCIA

Obedeceré la voz de mi Padre en todo lo que me mande (Génesis 27:8).

Me levantaré y obedeceré tu voz y huiré de mi enemigos (Génesis 27:43-44).

Soy un tesoro especial de Dios porque obedezco su voz y guardo su pacto (Éxodo 19:5).

Obedeceré la voz del ángel del Señor para que me guarde en el camino y me introduzca en el lugar que Dios mismo ha preparado para mí (Éxodo 23:20).

Obedeceré al ángel del Señor, porque no perdonará mi rebelión porque el nombre del Señor está en él (Éxodo 23:21).

A medida que obedezco al ángel del Señor y hago todo lo que Dios me diga a través de él, mis enemigos serán los enemigos de Dios (Éxodo 23:22).

Soy bendecido porque obedezco los mandamientos del Señor (Deuteronomio 11:27).

Andaré en pos del Señor mi Dios y le temeré, guardaré sus mandamientos y lo obedeceré. Lo serviré y lo seguiré (Deuteronomio 13:4).

Obedeceré la voz del Señor mi Dios y cumpliré todos sus mandamientos y sus estatutos que me ha ordenado hoy (Deuteronomio 27:10).

Quedaré en poco número si no obedezco la voz del Señor (Deuteronomio 28:62).

Me convertiré al Señor mi Dios, y obedeceré su voz conforme a todo lo que me mande con todo mi corazón y con toda mi alma, de generación en generación, mis hijos y yo obedeceremos a Dios. Entonces el Señor nos hará volver de cualquier cautividad del enemigo, y tendrá compasión de nosotros (Deuteronomio 30:2–3).

El Señor mi Dios pondrá todas estas maldiciones sobre mis enemigos porque oigo la voz del Señor y pongo por obra todo lo que me ha mandado (Deuteronomio 30:7–8).

El Señor mi Dios me hará abundar en toda obra de mis manos, en el fruto de mi cuerpo, y en el fruto de mi tierra. Se gozará sobre mí porque lo obedezco y escucho su voz (Deuteronomio 30:9–10).

Atiendo la voz del Señor, porque Él es mi vida, y en Él está la prolongación de días (Deuteronomio 30:20).

Al Señor mi Dios serviré, y a su voz obedeceré (Josué 24:24).

No me rehusaré a obedecer la voz del profeta de Dios (1 Samuel 8:19).

Temeré al Señor y le serviré, y oiré su voz, y no seré rebelde a la Palabra del Señor. La mano del Señor está conmigo (1 Samuel 12:14–15).

Mi obediencia a la voz del Señor es mejor que cualquier sacrificio (1 Samuel 15:22).

No seré como los padres de Israel. Seré humilde y me dedicaré a obedecer al Señor. Me acordaré de las maravillas que hace Dios a mi favor, porque Él es Dios que perdona, clemente y piadoso, tardo para la ira, y grande en misericordia, porque no me ha abandonado (Nehemías 9:16–17).

Acabaré mis días en bienestar y mis años en dicha. No pereceré sin sabiduría, porque obedezco y sirvo al Señor (Job 36:11–12).

Al oír del Señor me sometí a Él y lo obedecí (Salmos 18:44).

Los cuervos no sacarán mi ojo, ni lo devorarán los hijos del águila. No escarnezco a mi Padre, ni menosprecio la enseñanza de mi madre (Proverbios 30:17).

Escucharé tu voz y tú serás mi Dios. Andaré en todo camino que me mande y me irá bien (Jeremías 7:23).

Obedeceré la voz del Señor y Él me dará la tierra que juró que daría a mis padres, la tierra que fluye leche y miel (Jeremías 11:4–5).

Te has levantado temprano, oh Dios, y me has amonestado diciendo: "Escucha mi voz" (Jeremías 11:7).

Señor, tú has dicho que si no te obedezco me arrancarás y me destruirás (Jeremías 12:17).

Si no te obedezco, te arrepentirás del bien que habías determinado hacerme (Jeremías 18:10).

Mejoraré mis caminos y mis obras, oiré la voz del Señor mi Dios y el Señor dejará el mal que ha pronunciado en mi contra (Jeremías 26:13).

Obedeceré la voz del Señor para que me vaya bien y viva (Jeremías 38:20).

Sea bueno o sea malo, obedeceré la voz del Señor mi Dios, para que me vaya bien (Jeremías 42:6).

Los reinos y los dominios me serán dados porque obedezco y sirvo al Altísimo (Daniel 7:27).

He traspasado tu ley y me he apartado de Dios para no obedecer su voz. Ahora una maldición y un juramento han caído sobre mí (Daniel 9:11).

De lejos vendrán a edificar el templo del Señor, porque diligentemente obedezco la voz del Señor mi Dios (Zacarías 6:15).

Declaro que como los vientos y el mar obedecieron a Jesús, los vientos y mares que se levanten en mi vida me obedecerán (Mateo 8:27).

Con autoridad mando aun a los espíritus inmundos y me obedecen (Marcos 1:27).

Todos los que me rodeen con gran temor se dirán uno al otro: "¿Qué tipo de persona es esta que incluso el viento y el mar le obedecen?" (Marcos 4:41).

Con mi fe del tamaño de una semilla de mostaza, le hablaré al sicómoro y le diré que sea desarraigado y se plante en el mar y me obedecerá (Lucas 17:6).

Obedezco a Dios antes que a los hombres (Hechos 5:29).

Dios me ha dado el Espíritu Santo porque lo obedezco (Hechos 5:32).

No seré como los padres de Israel que no quisieron obedecer, sino que desecharon al hombre de Dios, y en sus corazones se volvieron a Egipto (Hechos 7:39).

Que yo no sea como los que obedecen a la injusticia, la ira y el enojo, porque tribulación y angustia es su porción (Romanos 2:8–9).

Que no reine el pecado en mi cuerpo de manera que lo obedezca en sus concupiscencias (Romanos 6:12).

A lo que me someta para obedecerlo, soy su esclavo, sea del pecado para muerte o de Dios para justicia (Romanos 6:16).

Echo fuera al enemigo de mi alma, que trata de fascinarme para que no obedezca a la verdad. Ante mis ojos Jesucristo ya fue presentado claramente delante de mí como crucificado (Gálatas 3:1).

Que si no corro bien, descubra quién o qué me estorbó para no obedecer a la verdad (Gálatas 5:7).

Mis hijos obedecerán y honrarán a su padre y a su madre para que les vaya bien y sean de larga vida sobre la tierra (Efesios 6:1–3).

Mis hijos me obedecerán en todo porque esto agrada al Señor (Colosenses 3:20).

Obedeceré en todo a aquellos para los que trabajo, no sirviendo al ojo como los que quieren agradar a los hombres, sino con corazón sincero temiendo a Dios (Colosenses 3:22).

Conozco a Dios y obedezco al Evangelio de nuestro Señor Jesucristo; por lo tanto, no sufriré pena de eterna perdición excluido de la presencia del Señor y de la gloria de su poder (2 Tesalonicenses 1:7–9).

Si no obedezco la palabra de los apóstoles, no tendré compañía con el pueblo de Dios y me avergonzaré (2 Tesalonicenses 3:14).

Que recuerde sujetarme a los gobernantes y autoridades, que obedezca, que esté dispuesto a toda buena obra. Que a nadie difame, que no sea pendenciero, sino amable, mostrando toda mansedumbre para con todos los hombres (Tito 3:1–2).

Que sea un hijo como Cristo quien por lo que padeció aprendió la obediencia (Hebreos 5:8–9).

Obedeceré a los que tienen autoridad sobre mí. Me sujetaré porque ellos velan por mi alma, como quienes han de dar cuenta (Hebreos 13:17).

Que así como ponemos freno en la boca de los caballos, que le sea puesto freno a todo mi cuerpo para que obedezca (Santiago 3:2–3).

Que las mujeres estén sujetas a sus maridos; para que también los que no creen a la palabra sean ganados sin palabra por la conducta de sus esposas (1 Pedro 3:1).

Porque es tiempo de que el juicio comience por la casa de Dios; y si primero comienza por nosotros, ¿cuál será el fin de aquellos que no obedecen al Evangelio de Dios? (1 Pedro 4:17).

He recibido gracia y discipulado de Jesucristo mi Señor para que sea obediente a la fe entre las naciones por su nombre (Romanos 1:3–6).

Jesús, gracias que por tu obediencia muchos han sido hechos justos (Romanos 5:19).

Mi obediencia ha venido a ser notoria a todos, pero todavía debo ser sabio para el bien e ingenuo para el mal (Romanos 16:19).

El misterio del Evangelio ha sido manifestado ahora y dado a conocer a todas las gentes para que obedezcan a la fe (Romanos 16:26).

El cariño del hombre de Dios para conmigo es aun más abundante cuando se acuerda de mi obediencia (2 Corintios 7:15).

Derribo argumentos y toda altivez que se levante contra el conocimiento de Dios, y llevando cautivo todo pensamiento a la obediencia a Cristo (2 Corintios 10:5).

Castigo toda desobediencia cuando mi obediencia sea perfecta (2 Corintios 10:6).

He sido elegido según la presciencia de Dios Padre en santificación del Espíritu, para obedecer y ser rociado con la sangre de Jesucristo (1 Pedro 1:2).

SANIDAD POR MEDIO DE LA SABIDURÍA, CONOCIMIENTO Y ENTENDIMIENTO

He sido lleno del espíritu de sabiduría (Éxodo 28:3).

He sido lleno del Espíritu de Dios en sabiduría y en inteligencia, en ciencia y en todo arte, para inventar diseños (Éxodo 31:3–4).

He sido lleno de sabiduría de corazón, para hacer toda obra de arte (Éxodo 35:35).

He sido traído al santuario del Señor con otros hombres sabios de corazón, porque el Señor ha puesto en mí sabiduría e inteligencia para saber hacer toda la obra del servicio del santuario conforme a todas las cosas que ha mandado el Señor (Éxodo 36:1).

Guardaré de poner por obra los estatutos del Señor; porque esta es mi sabiduría y mi inteligencia ante los ojos de los pueblos, los cuales oirán todos estos estatutos, y dirán: Ciertamente pueblo sabio y entendido, nación grande es esta. Porque ¿qué persona tiene un Dios tan cercano como lo está el Señor mi Dios en todo cuanto le pido? (Deuteronomio 4:6–7).

Como Josué hijo de Nun estoy lleno de espíritu de sabiduría (Deuteronomio 34:9).

Soy sabio conforme a la sabiduría de un ángel de Dios para conocer lo que hay en la tierra (2 Samuel 14:20).

En mí hay sabiduría de Dios para juzgar (1 Reyes 3:28).

Como a Salomón, Dios me ha dado sabiduría y prudencia muy grandes, y anchura de corazón como la arena que está a la orilla del mar (1 Reyes 4:29).

Mi sabiduría es mayor que la de los hombres (1 Reyes 4:30).

Como la sabiduría de Dios está en mí, gente vendrá oír mi sabiduría, incluso los reyes de la tierra (1 Reyes 4:34).

Dios me ha dado sabiduría como me había dicho, al igual que a Salomón (1 Reyes 5:12).

A causa de la sabiduría de Dios sobre mi vida, vendrá gente de todo alrededor para ver la verdad de lo que se dice acerca de mis actos y sabiduría y prosperidad. La gente que trabaje conmigo será dichosa y estará continuamente delante de mí y oirán la sabiduría de Dios (1 Reyes 10:6–8).

A causa de la sabiduría de Dios sobre mi vida, mis riquezas y sabiduría excederán a los reyes de la tierra. La gente procurará ver mi cara para oír la sabiduría que Dios ha puesto en mi corazón (1 Reyes 10:23–24).

Solamente el Señor me da entendimiento y prudencia para que guarde la ley del Señor mi Dios (1 Crónicas 22:12).

Dame ahora sabiduría y ciencia para presentarme delante de este pueblo (2 Crónicas 1:10).

Por cuanto hubo en mi corazón pedir sabiduría y ciencia para servir al pueblo de Dios, y no riquezas, bienes o gloria, ni la vida de los que me quieren mal, ni pedí muchos días, sabiduría y ciencia me han sido dadas (2 Crónicas 1:11–12).

Conforme a la sabiduría que tengo de mi Dios, pondré jueces y gobernadores que gobiernen a todo el pueblo de Dios, para que conozcan las leyes de Dios (Esdras 7:25).

No moriré sin haber adquirido sabiduría (Job 4:21).

Que Dios me declare los secretos de sabiduría, que son de doble valor que las riquezas (Job 11:6).

Que yo sea como los ancianos, con quienes está la ciencia y la inteligencia (Job 12:12–13).

Con el Señor está el poder y la sabiduría (Job 12:16).

El precio de la sabiduría es mayor que el de las piedras preciosas (Job 28:18).

Temo al Señor porque es la sabiduría y apartarse del mal la inteligencia (Job 28:28).

Los días me hablarán y la muchedumbre de años me declarará sabiduría (Job 32:7).

Dios, tú eres poderoso en fuerza de sabiduría (Job 36:5).

Dios, solamente tú puedes poner sabiduría en el corazón o dar inteligencia al espíritu (Job 38:36).

He sido hecho justo, por lo tanto, mi boca habla sabiduría y mi lengua habla justicia (Salmos 37:30).

Mi boca hablará sabiduría, y el pensamiento de mi corazón inteligencia (Salmos 49:3).

Tú, oh Señor, amas la verdad en lo íntimo, y en lo secreto me harás comprender sabiduría (Salmos 51:6).

Enséñame de tal modo a contar mis días, que traiga al corazón sabiduría (Salmos 90:12).

¡Cuán innumerables son tus obras, oh Señor! Hiciste todas ellas con sabiduría, la tierra está llena de tus beneficios (Salmos 104:24).

Temeré al Señor porque ese es el principio de la sabiduría y buen entendimiento tienen todos los que practican sus mandamientos (Salmos 111:10).

Entenderé sabiduría y doctrina, conoceré razones prudentes (Proverbios 1:2).

Recibo el consejo de prudencia, justicia, juicio y equidad (Proverbios 1:3).

Soy sabio, por lo tanto, escucharé e incrementaré mi aprendizaje. Soy una persona de inteligencia; por lo tanto, entenderé consejo sabio para entender proverbio y su interpretación y las palabras de los sabios y sus acertijos (Proverbios 2:5–6).

Temeré al Señor, porque en eso está el principio de la inteligencia. No seré un insensato que menosprecia la sabiduría y la instrucción (Proverbios 2:7).

Me volveré a la reprensión y los clamores de la sabiduría. No seré simple ni me deleitaré en las burlas. No seré como el insensato que aborrece la ciencia, pero recibiré sabiduría que derrame su espíritu sobre mí. Recibiré las palabras que me hayan sido dadas a conocer (Proverbios 1:20–23).

Hago estar atento mi oído para la sabiduría e inclino mi corazón a la prudencia (Proverbios 2:2).

Clamo por discernimiento y levanto mi voz por prudencia. La busco como si fuera plata o un tesoro escondido. Ahora sé que entenderé el temor del Señor, y hallaré el conocimiento de Dios, porque Él da la sabiduría, y de su boca viene el conocimiento y la inteligencia (Proverbios 2:3–6).

Dios tiene sabiduría preparada para mí y es mi escudo porque camino rectamente (Proverbios 2:7).

La sabiduría ha entrado en mi corazón y la ciencia es grata a mi alma. Ahora la discreción me guarda y me preserva la inteligencia, librándome del mal camino y de los hombres que hablan cosas perversas (Proverbios 2:10–12).

Soy bienaventurado porque he hallado sabiduría e inteligencia, porque su ganancia es mejor que la de la plata y sus frutos más que el oro fino. La sabiduría es más preciosa que las piedras preciosas y nada se puede comparar a ella (Proverbios 3:13–15).

Largura de días está en la mano derecha de la sabiduría, en su izquierda, riquezas y honra. Sus caminos son deleitosos y todas sus veredas paz (Proverbios 3:16–17).

Echo mano de la sabiduría, porque es árbol de vida para mí, y soy bienaventurado cuando la retengo (Proverbios 3:18).

El Señor con sabiduría fundó la tierra; afirmó los cielos con inteligencia. Con su ciencia los abismos fueron divididos y destilan rocío los cielos (Proverbios 3:19–20).

No permitiré que la sana sabiduría o la discreción se aparten de mis ojos, porque son vida a mi alma y gracia a mi cuello. Con ellos ando confiadamente y mi pie no tropezará (Proverbios 3:21–23).

Adquiriré sabiduría e inteligencia. No me olvidaré ni me apartaré de las razones de tu boca. No dejaré la sabiduría porque me guardará. La amaré y me conservará (Proverbios 4:5–6).

La sabiduría está ante todo, por lo tanto, adquiriré sabiduría. Y sobre todas mis posesiones, adquiriré inteligencia (Proverbios 4:7).

Seré engrandecido porque engrandezco la sabiduría (Proverbios 4:8).

Recibo honra porque abrazo la sabiduría (Proverbios 4:8).

Adorno de gracia y corona de hermosura son colocados sobre mi cabeza porque he abrazado la sabiduría (Proverbios 4:9).

Por el camino de la sabiduría me has encaminado y por veredas derechas me has hecho andar. Cuando anduviere, no se estrecharán mis pasos. Y si corro, no tropezaré (Proverbios 4:11–12).

Estoy atento a la sabiduría del Señor. E inclino mi oído a su inteligencia para que guarde consejo y mis labios conserven la ciencia (Proverbios 5:1–2).

Amo a la sabiduría como a una hermana y la inteligencia es una parienta entrañable. Me guardan del comportamiento inmoral y de escuchar las lisonjas de los extraños (Proverbios 7:4–5).

La sabiduría clama a mí y la inteligencia da su voz para que pueda escuchar (Proverbios 8:1).

Tengo corazón discreto y cuerdo (Proverbios 8:5).

Hablo cosas excelentes y abro mis labios para cosas rectas. Mi boca habla la verdad y la impiedad abominan mis labios. Justas son todas las razones de mi boca. No hay en ellas cosa perversa ni torcida porque opero en el espíritu de sabiduría (Proverbios 8:6–8).

Las palabras de la sabiduría son rectas para mí porque entiendo, son razonables para mí porque he hallado sabiduría (Proverbios 8:9).

Recibo la enseñanza sabia y no plata, y ciencia antes que el oro escogido (Proverbios 8:10).

Porque la sabiduría es mejor que las piedras preciosas y nada de lo que deseo se puede comparar con ella (Proverbios 8:11).

Yo, la sabiduría, habito con la cordura, y hallo la ciencia de los consejos (Proverbios 8:12).

Conmigo está el consejo y el buen juicio; yo soy la inteligencia; mío es el poder (Proverbios 8:14).

Tengo el principio de la sabiduría porque temo al Señor y el conocimiento del Santísimo es la inteligencia (Proverbios 9:10).

La sabiduría se encuentra en mis labios porque soy prudente (Proverbios 10:13).

Guardo sabiduría porque soy una persona sabia (Proverbios 10:14).

No soy un necio que muere por falta de entendimiento, sino que mis labios apacientan a muchos (Proverbios 10:21).

Soy una persona de entendimiento, por lo tanto, tengo sabiduría (Proverbios 10:23).

Mi boca produce sabiduría (Proverbios 10:31).

Soy humilde y conmigo está la sabiduría (Proverbios 11:2).

Como una persona prudente y de entendimiento, sé cuando callar (Proverbios 11:12).

Que yo sea alabado según mi sabiduría, pero guardo mi corazón de perversión para no ser menospreciado (Proverbios 12:8).

Labro mi tierra y me sacio de pan. Pero si sigo lo vano, carezco de entendimiento (Proverbios 12:11, LBLA).

La sabiduría está conmigo porque soy avisado (Proverbios 13:10).

La sabiduría me es fácil porque soy entendido (Proverbios 14:6).

Me voy de delante de las personas necias cuando no percibo en ellos labios de ciencia (Proverbios 14:7).

Mi ciencia está en entender mi camino (Proverbios 14:8).

En mi corazón reposa la sabiduría porque soy prudente (Proverbios 14:33).

Enderezo mis pasos porque soy entendido (Proverbios 15:21).

Soy enseñado en la sabiduría porque temo al Señor (Proverbios 15:33).

Es mejor que adquiera sabiduría que oro preciado, y que adquiera inteligencia vale más que la plata (Proverbios 16:16).

No seré como el hombre falto de entendimiento ni saldré por fiador a favor de un amigo (Proverbios 17:18).

Pongo mis ojos en la sabiduría porque soy entendido (Proverbios 17:24).

Ahorro mis palabras y soy de espíritu prudente porque tengo sabiduría y soy entendido (Proverbios 17:27).

Callo y cierro mis labios; aun soy tenido por sabio y entendido (Proverbios 17:28).

No seré como el que se desvía y busca su deseo, protestando contra el juicio sabio, porque es necio el que no toma placer en la inteligencia sino en que su corazón se descubra (Proverbios 18:1–2).

Las palabras de mi boca son como agua que da vida. En ellas hay verdadera sabiduría que es tan refrescante como un arroyo burbujeante (Proverbios 18:4).

Como poseo entendimiento amo mi alma. Guardaré la inteligencia para hallar el bien (Proverbios 19:8).

Nada de mi humana sabiduría, inteligencia o consejo puede contra el Señor (Proverbios 21:30).

No voy a sobrecargarme de trabajo por hacerme rico. Debo ser prudente y desistir (Proverbios 23:4).

No hablaré a oídos del necio, porque menospreciará la prudencia de mis razones (Proverbios 23:9).

Compraré la verdad, la sabiduría, la enseñanza y la inteligencia y nunca las venderé (Proverbios 23:23).

Mi casa está edificada con sabiduría, y con prudencia se afirmará. Con ciencia se llenarán sus habitaciones de todo bien preciado y agradable (Proverbios 24:3–4).

Soy fuerte porque soy sabio y docto (Proverbios 24:5).

Que no sea como el insensato para el cual la sabiduría está demasiado alta, sino que hable con sabiduría en presencia de los líderes (Proverbios 24:7).

El conocimiento de la sabiduría es mi recompensa y mis expectativas por ella han sido sobrepasadas (Proverbios 24:14).

Mi padre se alegra en mí porque amo la sabiduría y no frecuento a personas inmorales (Proverbios 29:3).

Recibo la vara y la corrección porque dan sabiduría, pero avergüenzo a mi madre si no se me corrige (Proverbios 29:15).

Abro mi boca con sabiduría y la ley de clemencia está en mi lengua (Proverbios 31:26).

He dado mi corazón a inquirir y a buscar con sabiduría sobre todo lo que se hace debajo del cielo (Eclesiastés 1:13).

Y he visto que la sabiduría sobrepasa a la necedad, como la luz a las tinieblas. El sabio tiene sus ojos en su cabeza, mas el necio anda en tinieblas (Eclesiastés 2:13–14).

Le agrado a Dios, porque me da sabiduría, ciencia y gozo (Eclesiastés 2:26).

La ciencia que Dios me da es buena con herencia y tanto la sabiduría como el dinero son un escudo, pero solamente la sabiduría da vida (Eclesiastés 7:11–12).

Soy más fuerte que diez poderosos porque tengo sabiduría (Eclesiastés 7:19).

Soy sabio y puedo analizar e interpretar las cosas. La sabiduría ilumina mi rostro y muda la tosquedad de mi semblante (Eclesiastés 8:1).

Día y noche apliqué mi corazón a conocer sabiduría y a ver la faena que se hace sobre la tierra. Fue entonces que vi todas las obras de Dios (Eclesiastés 8:16–17).

Libro ciudades completas con mi sabiduría, porque la sabiduría es mejor que la fuerza y que las armas de guerra (Eclesiastés 9:15–18).

No me permitiré una pequeña locura no sea que mi reputación como sabio y honorable dé mal olor (Eclesiastés 10:1).

Mi corazón me lleva a hacer lo recto porque soy sabio (Eclesiastés 10:2).

Que la sabiduría de Dios me traiga éxito (Eclesiastés 10:10).

No seré como el rey de Asiria, pensando que por el poder de

mi mano lo he hecho, o que por mi sabiduría he sido prudente (Isaías 10:13). Porque es el Señor mi Dios el que me hace fuerte y sabio. El Espíritu del Señor reposa sobre mí, y el espíritu de sabiduría y de inteligencia, el espíritu de consejo y de poder, espíritu de conocimiento y de temor del Señor porque mi deleite es el temor del Señor (Isaías 11:2–3).

La sabiduría y la ciencia son mi estabilidad en estos tiempos. Son la fuerza de mi salvación y el temor del Señor es mi tesoro (Isaías 33:6).

No aborreceré la palabra del Señor, porque ¿qué sabiduría hay en ello? (Jeremías 8:9).

No me alabaré en mi propia sabiduría, ni en mi valentía o en mis riquezas, sino que me alabaré en conocer y entender al Señor. Él es el YO SOY, que hace misericordia, juicio y justicia en la tierra. En estas cosas me deleito (Jeremías 9:23–24).

Gracias, Señor, porque hiciste la tierra con tu poder, afirmaste el mundo con tu sabiduría y extendiste los cielos con tu inteligencia (Jeremías 51:15). Sé que extenderás tu poder, sabiduría e inteligencia para sanarme.

Que no me haga rico por medio de mi propia sabiduría y prudencia. Que mi corazón no se enaltezca por las riquezas del mundo (Ezequiel 28:4–5), sino que con humildad reciba la sabiduría y la prudencia que Dios da, para que sea sanado completamente en mi cuerpo, mente y espíritu.

Que no suceda que extranjeros o los fuertes de las naciones

vengan y desenvainen sus espadas contra la hermosura de mi sabiduría y me manchen (Ezequiel 28:7), sino que esté envuelto en humildad y cubierto por la poderosa mano del único y sabio Dios de modo que todas sus promesas para sanarme se cumplan.

Como Daniel, me presento delante del rey como un muchacho sin tacha alguna. Tengo gran favor y soy enseñado en toda sabiduría, poseo ciencia y soy rápido para entender (Daniel 1:4).

Como Daniel y sus amigos, Dios me ha dado conocimiento e inteligencia en el aprendizaje y la sabiduría, y entendimiento de sueños y visiones (Daniel 1:17).

En todos los asuntos de sabiduría e inteligencia, soy hallado diez veces mejor que todos los mago y astrólogos de este reino (Daniel 1:20), por su poder Dios me ha facultado con su Espíritu Santo y ha sanado mi mente.

Como Daniel, responderé a los que me consulten con consejo y sabiduría (Daniel 2:14).

Con Daniel bendigo el nombre de Dios de siglos en siglos, porque suyos son el poder y la sabiduría. Él muda los tiempos y las edades; quita reyes y pone reyes. Da la sabiduría a los sabios y la ciencia a los entendidos. Él revela lo profundo y lo escondido; conoce lo que está en tinieblas, y con Él mora la luz (Daniel 2:20–22).

A ti, oh Dios de mis padres, te doy gracias y te alabo, porque me has dado sabiduría y fuerza. Y ahora me has revelado lo que te he pedido (Daniel 2:23).

Y a mí me han sido revelados estos misterios, no porque en mí haya más sabiduría que en todos los vivientes, sino para que se den a conocer a la gente y para que entiendan los pensamientos de su corazón (Daniel 2:30).

Reyes y gobernantes escucharán acerca de mí y del Espíritu de Dios que mora en mí. Sabrán que en mí hay luz, entendimiento y mayor sabiduría (Daniel 5:14).

Escucharé la voz del Señor que clama en mi ciudad. Temeré su nombre porque soy sabio. Prestaré atención al castigo y al que lo establece (Miqueas 6:9).

Como la reina del sur, me levantaré de dondequiera que esté para escuchar la sabiduría de Aquel que es más que Salomón (Mateo 12:42).

Como Jesús, he sido enviado a enseñar en mi propia tierra, y dirán: "¿De dónde tiene este esta sabiduría y estos milagros?" (Mateo 13:54).

Muchos se admirarán de dónde tengo esta sabiduría y dones de enseñanza, sanidad y milagros (Marcos 6:2), y sabrán que provienen del Señor Dios que me ha sanado.

Como Juan, voy delante de Jesús en el espíritu y poder de Elías para hacer volver al desobediente a la sabiduría del justo (Lucas 1:17).

Crezco y me fortalezco en espíritu, me lleno de sabiduría y la gracia de Dios es sobre mí (Lucas 2:40).

Como Jesús, crezco en sabiduría y estatura, y en gracia para con Dios y los hombres (Lucas 2:52).

El fruto de mi vida muestra la sabiduría de Dios que mora en mí (Lucas 7:35).

Porque el Señor me dará palabra y sabiduría, la cual no podrán resistir ni contradecir todos los que se opongan (Lucas 21:15).

Soy una persona de buen testimonio, lleno del Espíritu Santo y de sabiduría (Hechos 6:3).

Los que se levanten en disputa contra mí no podrán resistir a la sabiduría y al Espíritu con el que hable (Hechos 6:9–10).

Como a José, Dios me ha librado de todas mis tribulaciones. Me ha dado favor y sabiduría (Hechos 7:10).

Como Moisés, he sido enseñado en toda sabiduría, y soy poderoso en palabras y obras (Hechos 7:22).

¡Oh profundidad de las riquezas de la sabiduría y de la ciencia de Dios! ¡Cuán insondables son sus juicios e inescrutables sus caminos! (Romanos 11:33).

No seré sabio según la carne, porque Dios escogió lo necio del mundo para avergonzar a lo sabio y lo débil para avergonzar a lo fuerte. Nadie se gloriará en su presencia. Me glorío en el Señor (1 Corintios 1:26–31).

No vengo con excelencia de palabras de sabiduría, pues me he propuesto no saber cosa alguna sino a Jesucristo y a este crucificado (1 Corintios 2:1–2).

Ni mi palabra ni mi predicación es con palabras persuasivas de humana sabiduría, sino con demostración del Espíritu y de poder, para que la fe no esté fundada en la sabiduría de los hombres (1 Corintios 2:4–5).

Hablo sabiduría entre los que han alcanzado madurez y sabiduría no de este siglo, ni de los príncipes de este siglo. Hablo sabiduría de Dios que Él predestinó antes de los siglos para nuestra gloria (1 Corintios 2:6–7).

Estas cosas hablo, no con palabras enseñadas por sabiduría humana, sino con las que enseña el Espíritu, acomodando lo espiritual a lo espiritual (1 Corintios 2:13).

La sabiduría que tengo no es la sabiduría de este mundo, porque esa es insensatez para con Dios. Por lo tanto, no me glorío en los hombres, porque todo es de Dios (1 Corintios 3:19, 21).

Que me beneficie de los dones del Espíritu, porque Él le da a éste palabra de sabiduría y a otro palabra de ciencia (1 Corintios 12:8).

Me he conducido en el mundo con sencillez y sinceridad de

Dios, no con sabiduría humana, sino con la gracia de Dios (2 Corintios 1:12).

Dios ha hecho sobreabundar para conmigo en toda sabiduría e inteligencia, dándome el misterio de su voluntad, según su beneplácito (Efesios 1:8–9).

Que Dios me dé espíritu de sabiduría y de revelación en el conocimiento de Él. Alumbra los ojos de mi entendimiento para que sepa la esperanza a la que me has llamado y las riquezas de la gloria de tu herencia (Efesios 1:17–18).

Anuncio entre los gentiles las inescrutables riquezas de Cristo para que la multiforme sabiduría de Dios sea dada a conocer a los principados y potestades en los lugares celestiales (Efesios 3:8, 11).

Anuncio a Cristo, la esperanza de toda gloria, amonestando a todo hombre y enseñando a todo hombre en toda sabiduría a fin de que sea presentado perfecto en Cristo Jesús (Colosenses 1:28).

No me impondré disciplinas religiosas, que aunque tengan cierta reputación de sabiduría, humildad y duro trato del cuerpo, no tienen valor alguno contra los apetitos de la carne (Colosenses 2:23).

Que la palabra de Cristo more en abundancia en mí, enseñándome y exhortándome con mis hermanos creyentes en toda sabiduría, cantando con gracia en mi corazón al Señor con salmos e himnos y cánticos espirituales (Colosenses 3:16).

Andaré sabiamente para con los de afuera, redimiendo el tiempo (Colosenses 4:5).

Le pediré a Dios la sabiduría que me falte, y Él me dará abundantemente (Santiago 1:5).

Que no sea lleno de celos amargos y contención en mi corazón, porque esta sabiduría no es la que desciende de lo alto, sino que es terrenal, animal, diabólica (Santiago 3:14–15).

Que sea lleno de la sabiduría de lo alto, que es pura, pacífica, amable, benigna, llena de misericordia y de buenos frutos, sin incertidumbre ni hipocresía (Santiago 3:17).

Digo a gran voz: "El Cordero que fue inmolado es digno de tomar el poder, las riquezas, la sabiduría, la fortaleza, la honra, la gloria y la alabanza" (Apocalipsis 5:12).

CAPÍTULO 2

EJERCITE LA FE PARA SU SANIDAD

> Y él le dijo: Hija, tu fe te ha hecho salva; ve en paz, y
> queda sana de tu azote.
>
> —Marcos 5:34

L A FE LIBERA la unción de sanidad. La incredulidad obstaculiza la sanidad. La mujer con el flujo de sangre demandó la operación de la unción con su fe. La fe es como un vacío que succiona la unción. Jesús no solamente ministró con la unción, sino que también le dejó saber a la gente que estaba ungido (Lucas 4:18). Cuando escucharon que estaba ungido fue responsabilidad suya creer y recibir. La gente de Nazaret no creyó y no pudo recibir de su unción (consulte Marcos 6:1–6). No pudo hacer muchos milagros en Nazaret a causa de su incredulidad. Si hubieran creído, hubieran tomado de su unción y hubieran sido sanados.

Pero la mujer con flujo de sangre creyó. Ella creyó lo suficiente como para abrirse paso entre la multitud, estirar su mano y tocar al sanador mismo. En Lucas 8:46, Jesús dijo: "Alguien me ha tocado; porque yo he conocido que ha salido poder de mí".

Jesús percibió que había salido poder ("virtud" según la versión King James de la Biblia en inglés) de Él. La mujer extrajo poder sanador de Él con su fe. La palabra *poder* se traduce de la palabra griega *dunamis,* que significa "capacidad, fuerza o poder". Cuando uno tiene fe para ser sanado será sanado, usted toma del poder sanador de Dios. El poder de Jesús es liberado a su favor. Por lo tanto, la unción es el poder de Dios.

> Cuando oyó hablar de Jesús, vino por detrás entre la multitud, y tocó su manto.
>
> —Marcos 5:27

Esta mujer había escuchado de Jesús. Había escuchado acerca de la unción sanadora que estaba sobre Él. Había escuchado que un profeta de Dios estaba ministrando en Israel.

Cuando la gente escuche acerca de la unción, su fe incrementará en este aspecto, y luego tendrán el conocimiento y la fe de demandar la operación de la unción a su favor. Necesitamos conocer acerca de la unción apostólica, la unción profética, la unción evangélica, la unción pastoral y la unción del maestro. Necesitamos conocer acerca de la unción sanadora y de la unción que obra milagros. Necesitamos conocer acerca de unciones especiales dadas por el Espíritu Santo.

Muchos en este país se preguntan por qué suceden tantos milagros en países extranjeros. Muchos de los que asisten a las cruzadas allá caminan kilómetros para llegar a una reunión. Algunos viajan durante varios días. Con eso están demandando la operación de la unción. Como resultado, suceden sanidades y milagros. En Estados Unidos muchos creyentes no viajan más de dos cuadras y se preguntan por qué no reciben milagros.

Y los que creían en el Señor aumentaban más, gran número así de hombres como de mujeres; tanto que sacaban los enfermos a las calles, y los ponían en camas y lechos, para que al pasar Pedro, a lo menos su sombra cayese sobre alguno de ellos. Y aun de las ciudades vecinas muchos venían a Jerusalén, trayendo enfermos y atormentados de espíritus inmundos; y todos eran sanados.

—Hechos 5:14–16

Vemos que la gente vino "aun de las ciudades vecinas". Donde hay demanda hay provisión. Hubo suficiente unción disponible como para sanar a *todos*. Estas personas demandaron la operación de la unción que fluía de los apóstoles. Cuando la gente viene a las reuniones, algunas veces desde lugares distantes, y demanda la operación del don, recibirá milagros.

Aconteció un día, que él estaba enseñando, y estaban sentados los fariseos y doctores de la ley, los cuales habían venido de todas las aldeas de Galilea, y de Judea y Jerusalén; y el poder del Señor estaba con él para sanar.

—Lucas 5:17

Aquí la palabra *poder* es *dunamis,* la misma palabra griega para *poder* en Lucas 8:46. La mujer con el flujo de sangre extrajo poder del cuerpo de Jesús con su fe. Así que podemos decir que el poder sanador estaba en el lugar a medida que Jesús enseñaba. Cuando la unción sanadora está presente, podemos utilizar nuestra fe para demandar resultados de esa unción. Entonces será soltada para sanar.

> Y sucedió que unos hombres que traían en un lecho a un hombre que estaba paralítico, procuraban llevarle adentro y ponerle delante de él. Pero no hallando cómo hacerlo a causa de la multitud, subieron encima de la casa, y por el tejado le bajaron con el lecho, poniéndole en medio, delante de Jesús. Al ver él la fe de ellos, le dijo: Hombre, tus pecados te son perdonados.
>
> —Lucas 5:18–20

A través de su fe demandaron la operación de la unción presente en ese lugar. Como resultado, el poder sanador fue liberado y el hombre fue sanado. Hay momentos en los que la presencia del Señor es pesada como una nube en una reunión. Cuando la unción está presente a este grado, todo lo que necesitamos hacer es utilizar nuestra fe para recibir. La sanidad y los milagros suceden como resultado de demandar la unción.

Demandamos la unción con nuestra *fe*. El Señor nos ha dado el don de fe con este propósito. El Señor desea que utilicemos nuestra fe para demandar la operación (hacer un retiro) de los dones de Dios. Muchos nunca utilizan su fe con este propósito.

Las congregaciones que están construidas en fe tendrán una herramienta que pueden usar para recibir de los dones de Dios. La fe es el canal por medio del que la unción fluye. La fe es como un interruptor que da inicio al fluir de la electricidad. Es como la marcha de un coche que enciende la corriente que arranca el motor. La fe es la chispa que enciende el poder explosivo de Dios. Enciende los dones de poder como fe, sanidad y milagros.

La fe enciende los dones de revelación como palabra de sabiduría, palabra de conocimiento y discernimiento de espíritus. Enciende los dones de inspiración como diversos géneros de lenguas, interpretación de lenguas y profecía. La fe libera los dones del ministerio de apóstoles, profetas, evangelistas, pastores y maestros.

La fe viene por el oír. Entre más personas escuchan acerca de los dones de Dios, más fe reciben para recibir a través de ellos. Yo enseño sobre distintas operaciones y administraciones del Espíritu.

Como pastor, libero personas con diferentes unciones y administraciones para ministrar a la gente. Le enseño a la gente con respecto a estos dones y los libero para usar su fe con el fin de que exijan recibir de esos dones.

Es sorprendente lo profundo que los ministros pueden ministrar en la atmósfera que se produce por medio de la enseñanza y la liberación. La gente utiliza su fe para extraer la unción de ellos y el fluir se vuelve tan increíble que tenemos que interrumpirlo a propósito hasta la siguiente reunión.

DECLARACIONES DE FE PARA SANIDAD, PROSPERIDAD Y LIBERACIÓN

Gracias a Cristo soy libre. Al que el Hijo libertare, será verdaderamente libre (Juan 8:36).

No pongo mi confianza en el hombre. No pongo mi confianza en la carne. Pongo mi confianza en Dios (Salmos 56:4).

Vivo por fe. Ando por fe no por vista (2 Corintios 5:7).

Soy responsable por mis decisiones y por lo que escoja. He tomado la decisión. Escojo la vida. Escojo las bendiciones. Escojo la Palabra de Dios. Escojo sabiduría.

Gracias, Señor, de que soy responsable de hacer prosperar mi propio camino y de que todo me salga bien.

Tengo fe para hablarle a las montañas y me obedecerán (Marcos 11:23).

Mi corazón jamás se apartará de ti. Siempre serviré a Dios.

Gracias, Señor, por la prosperidad. Voy a florecer porque vivo en los días del Mesías.

Tendré prosperidad y tendré mucho éxito por la gracia de Dios en el nombre de Jesús.

PARA INCREMENTAR LA FE PARA RECIBIR SU SANIDAD

Declaro que como Enoc tengo un testimonio que le agrada a Dios por medio de mi fe (Hebreos 11:5).

Gracias a mi fe, estoy agradando a Dios, y Él me galardonará porque lo busco diligentemente (Hebreos 11:6).

Por la fe, habitaré como extranjero en la tierra prometida como en tierra ajena, morando en tiendas con Isaac y Jacob, coherederos de la misma promesa (Hebreos 11:9).

Por la fe dejo cualquier cautiverio que busque atraparme; me sostengo como viendo al Invisible (Hebreos 11:27).

Decreto y declaro que por fe atravesaré mis pruebas como por tierra seca, y mis enemigos serán ahogados (Hebreos 11:29).

Rodearé los muros inamovibles en mi vida y por mi fe esos muros caerán (Hebreos 11:30).

Como Rahab, recibiré a los hombres de Dios en paz. No pereceré juntamente con los desobedientes (Hebreos 11:31).

Conquistaré reinos, haré justicia, alcanzaré promesas y taparé bocas de leones gracias a mi fe (Hebreos 11:33).

Declaro que no solamente alcanzaré un buen testimonio mediante la fe, sino que también recibiré todo lo que Dios ha prometido (Hebreos 11:39–40).

Soy confirmado y ungido por Dios (2 Corintios 1:21).

Activo mi fe como grano de mostaza y le digo a este monte de enfermedad y dolencia en mi vida: Pásate de aquí allá. Nada me será imposible (Mateo 17:20).

Como me has ungido, tengo fe y no dudo que puedo hablarle a cualquier enfermedad, maldecirla de raíz y hacer que se seque y se muera, así como tú lo hiciste con la higuera. También sé que si le digo a este monte de enfermedad que se quite y se eche en el mar, será hecho (Mateo 21:21).

Declaro que tengo una fe grande y extraordinaria en el poder de Jesucristo, fe que no se puede encontrar en ninguna otra parte (Mateo 8:10).

Así como Jesús se puso de pie en la barca y le habló a la tormenta, yo también puedo levantarme en medio de las tormentas de mi vida y reprender los vientos y el mar, y ordenar que se haga grande bonanza en mi vida. Mi fe invalida todos mis temores (Mateo 8:26).

No me hundiré en la falta de fe y en la duda; seré asido por la poderosa mano de Dios (Mateo 14:31).

Oro como tus ungidos discípulos oraron: "Auméntanos la fe" (Lucas 17:5).

No me debilitaré en la fe. Como Abraham declaro que mi cuerpo no está muerto sino vivo para dar a luz los dones y la unción que Dios ha apartado para mí (Romanos 4:19).

No dudaré, por incredulidad, de la promesa de Dios, sino que me fortaleceré en fe, dando gloria a Dios (Romanos 4:20).

Mi fe incrementa entre más escucho y escucho la Palabra de Dios (Romanos 10:17).

Aunque paso por muchas pruebas comunes en esta vida, Dios, yo declaro que eres fiel. No me dejarás enfrentar cosas más allá de lo que pueda resistir. Tú me has dado una salida y por medio de tu fuerza puedo soportar (1 Corintios 10:13).

Ando por fe no por vista (2 Corintios 5:7).

Declaro que tengo la certeza y la convicción de lo que espero (Hebreos 11:1).

Tú eres Señor de todo y el universo fue hecho por tus palabras. Hablaste y lo que se ve fue hecho de lo que no se veía (Hebreos 11:3).

Veo por medio de los ojos de la fe la promesa de lo que está lejos. Estoy persuadido de su realidad. La saludo, sabiendo que soy extranjero y peregrino sobre la tierra (Hebreos 11:13).

Permaneceré firme y no dudaré. Vengo confiadamente delante de Dios, pidiendo en fe (Santiago 1:6).

PARA SOLTAR VIDA Y RESTAURACIÓN EN SU SALUD

Vida y misericordia me concediste, y tu cuidado guardó mi espíritu (Job 10:12).

Mi vida es más clara que el mediodía; aunque estuve en oscuridad, soy como la mañana (Job 11:17).

Mi alma y mi hálito están en tus manos (Job 12:10).

El Espíritu de Dios me hizo, y el soplo del Omnipotente me dio vida (Job 33:4).

Detendrás mi vida de perecer (Job 33:18).

Me mostrarás la senda de la vida (Salmos 16:11).

Porque me has salido al encuentro con bendiciones de bien. Corona de oro fino has puesto sobre mi cabeza. Vida te demandé, y me la diste; largura de días eternamente y para siempre (Salmos 21:3–4).

Ciertamente el bien y la misericordia me seguirán todos los días de mi vida, y en la casa del Señor moraré por largos días (Salmos 23:6).

El Señor es la fortaleza de mi vida (Salmos 27:1).

Tu favor dura toda la vida (Salmos 30:5).

Deseo vida, deseo muchos días para ver el bien. Por lo tanto, temeré al Señor y guardaré mi lengua del mal y mis labios de hablar engaño. Me apartaré del mal y haré el bien; buscaré la paz y la seguiré (Salmos 34:11–14).

Que mi enemigo, que busca mi vida, sea avergonzado y confundido (Salmos 35:4).

Rescata mi alma de sus destrucciones, mi vida de los leones (Salmos 35:17)

Tú, oh Señor, eres mi manantial de vida (Salmos 36:9).

Sean avergonzados y confundidos a una los que buscan mi vida para destruirla. Vuelvan atrás y avergüéncense los que mi mal desean (Salmos 40:14).

Días sobre días añadirás a mi vida; mis años serán como generación y generación. Estaré para siempre delante de Dios. Misericordia y verdad me conservarán (Salmos 61:6–7).

Porque mejor es tu misericordia que la vida; mis labios te alabarán. Así te bendeciré en mi vida. En tu nombre alzaré mis manos (Salmos 63:3–4).

Mi vida es guardada del temor del enemigo (Salmos 64:1).

Guarda mi alma, porque soy piadoso. Sálvame, oh Dios mío, que en ti confío (Salmos 86:2).

Te invocaré, y me responderás. Conmigo estás en la angustia. Me librarás y me glorificarás. Me saciarás de larga vida, y me mostrarás tu salvación (Salmos 91:15–16).

Bendice, alma mía, al Señor, y no olvides ninguno de sus beneficios. Él es quien perdona todas mis iniquidades, Él que sana todas mis dolencias. El que rescata del hoyo mi vida, el que me corona de favores y misericordias. El que sacia de bien mi boca de modo que me rejuvenezca como el águila (Salmos 103:1–5).

Espero en la palabra que me has dado. Ella es mi consuelo en mi aflicción. Porque tu dicho me ha vivificado (Salmos 119:49–50).

No pereceré en mi aflicción porque tu ley es mi delicia. Nunca jamás me olvidaré de tus mandamientos, porque con ellos me has vivificado (Salmos 119:92–93).

Tú me restablecerás, y harás que viva (Isaías 38:16).

Has puesto delante de mí camino de vida y camino de muerte. Seguiré tu camino y viviré. Mi vida me será por despojo (Jeremías 21:8–9).

Me has dado mi vida por botín en todos los lugares adonde vaya (Jeremías 45:5).

Redimiste mi vida (Lamentaciones 3:58).

Me viste sucio en mis sangres y me dijiste: "¡Vive!" (Ezequiel 16:6).

Caminaré en los estatutos de la vida, no haciendo iniquidad, y viviré ciertamente y no moriré (Ezequiel 33:15).

Tú sacaste mi vida de la sepultura (Jonás 2:6).

Mi pacto conmigo es de vida y paz (Malaquías 2:5).

Beberé del agua que tú me darás, y no tendré sed jamás. El agua que tú me darás será en mí una fuente de agua que salte para vida eterna (Juan 4:13–14).

Tengo vida eterna porque he oído tu palabra y creo en ti. He pasado de muerte a vida (Juan 5:24).

Jesús, tú eres el pan de vida (Juan 6:48).

Viviré para siempre porque he comido del pan vivo (Juan 6:51–52).

El Espíritu me da vida. Sus palabras son espíritu y son vida para mí (Juan 6:63).

A través de ti, tengo vida, y la tengo en abundancia (Juan 10:10).

Tengo vida eterna y no pereceré jamás. No seré arrebatado de la mano de Dios (Juan 10:28–29).

Viviré porque creo en Cristo Jesús, quien es la resurrección y la vida (Juan 11:25–26).

Tú eres el camino, y la verdad, y la vida (Juan 14:6).

Tengo buen ánimo pues no habrá ninguna pérdida de vida para mí (Hechos 27:22).

Tú das vida a los muertos, y llamas las cosas que no son como si fueran (Romanos 4:17).

Así como Cristo resucitó de los muertos, yo ando en vida nueva (Romanos 6:4–5).

La dádiva de Dios es vida eterna en Cristo Jesús mi Señor (Romanos 6:23).

Me ocupo del Espíritu, por lo tanto tengo vida y paz (Romanos 8:6).

El Espíritu de Dios que levantó de los muertos a Jesús mora en mí. Vivifica mi cuerpo mortal por su Espíritu que mora en mí (Romanos 8:11).

Soy olor de vida para vida (2 Corintios 2:16).

El Espíritu me vivifica (2 Corintios 3:6).

La vida de Jesús se manifiesta en mi cuerpo. La vida actúa en mí (2 Corintios 4:10–13).

Cristo vive en mí. Lo que ahora vivo, lo vivo en la fe del Hijo de Dios, el cual me amó y se entregó a sí mismo por mí (Gálatas 2:20–21).

Yo siembro para el Espíritu, y del Espíritu segaré vida eterna (Gálatas 6:8).

Mi vida está escondida con Cristo en Dios (Colosenses 3:3).

Tengo promesa de esta vida presente, y de la venidera (1 Timoteo 4:8).

Mi Salvador, Jesucristo, quitó la muerte y sacó a luz la vida y la inmortalidad por el Evangelio (2 Timoteo 1:10–11).

He soportado la tentación; por lo tanto, soy bienaventurado. Soy aprobado para recibir la corona de vida, que Dios ha prometido a los que lo aman (Santiago 1:12).

Tu divino poder me ha dado todas las cosas que pertenecen a la vida y a la piedad (2 Pedro 1:3).

He pasado de muerte a vida porque amo a mis hermanos (1 Juan 3:14).

Tengo la vida porque tengo al Hijo (1 Juan 5:12).

El espíritu de vida enviado por Dios ha entrado en mí (Apocalipsis 11:11)

Bebo gratuitamente de la fuente del agua de la vida (Apocalipsis 21:6–7).

Tengo derecho al árbol de la vida porque cumplo tus mandamientos (Apocalipsis 22:14).

Tomo gratuitamente del agua de la vida (Apocalipsis 22:17).

CAPÍTULO 3

HONRE A LOS QUE VIENEN
A MINISTRAR SANIDAD

El que recibe a un profeta por cuanto es profeta,
recompensa de profeta recibirá; y el que recibe a
un justo por cuanto es justo, recompensa de justo
recibirá.

—Mateo 10:41

HONOR SIGNIFICA "VALOR, estima, precioso". Honrar a un
hombre o a una mujer de Dios significa valorarlos y esti-
marlos. Debemos reconocer que la unción es algo precioso. No
tiene precio. La unción no se puede comprar. Es dada por la
gracia de Dios. *Debemos aprender a honrar los dones del ministerio.* Cuando usted deshonra los dones del ministerio, no será
bendecido con la unción que hay en ellos. En otras palabras, si
usted no honra el don de sanidad, usted no será sanado.

De cierto os digo, que ningún profeta es acepto en su
propia tierra. Y en verdad os digo que muchas viudas
había en Israel en los días de Elías, cuando el cielo fue
cerrado por tres años y seis meses, y hubo una gran
hambre en toda la tierra; pero a ninguna de ellas fue

73

enviado Elías, sino a una mujer viuda en Sarepta de Sidón. Y muchos leprosos había en Israel en tiempo del profeta Eliseo; pero ninguno de ellos fue limpiado, sino Naamán el sirio.

—Lucas 4:24–27

Elías y Eliseo, dos hombres ungidos de Dios, estuvieron en medio de Israel durante muchos años. Hubo muchas viudas que podrían haber recibido un milagro a través de Elías, pero solamente una lo hizo y era gentil. Ninguna otra viuda demandó la operación de su unción. Cada leproso en Israel podría haber sido sanado por Eliseo, pero ningún otro leproso demandó la operación de su unción excepto Naamán. Tanto Elías como Eliseo tenían unción para realizar milagros y sanidades. Esos milagros y sanidades estaban disponibles para el pueblo de Dios. Ellos eran recipientes andantes de la unción. Pero nadie echó su cubo a estos estanques de la unción para sacar sanidad. Ninguno utilizó su fe para recibir de estos hombres de Dios excepto una mujer gentil y Naamán el Sirio.

Jesús dijo que esos hombres no fueron aceptos en su propia tierra. En otras palabras, estos hombres no eran *valorados* o *estimados* en Israel. Sus ministerios eran rechazados y menospreciados. Como resultado, muchas viudas perecieron durante la hambruna y muchos leprosos murieron de lepra. Esa no era la voluntad del Señor. La voluntad del Señor era que recibieran sanidad y liberación.

Este tipo de rechazo no era inusual para Jesús. Como mencionamos en los capítulos anteriores, Jesús no fue honrado en su propia ciudad natal.

Salió Jesús de allí y vino a su tierra, y le seguían sus
discípulos. Y llegado el día de reposo, comenzó a
enseñar en la sinagoga; y muchos, oyéndole, se admi-
raban, y decían: ¿De dónde tiene éste estas cosas? ¿Y
qué sabiduría es esta que le es dada, y estos milagros
que por sus manos son hechos? ¿No es éste el carpintero, hijo de María, hermano de Jacobo, de José, de
Judas y de Simón? ¿No están también aquí con nosotros sus hermanas? Y se escandalizaban de él. Mas
Jesús les decía: No hay profeta sin honra sino en su
propia tierra, y entre sus parientes, y en su casa. Y no
pudo hacer allí ningún milagro, salvo que sanó a unos
pocos enfermos, poniendo sobre ellos las manos. Y
estaba asombrado de la incredulidad de ellos. Y recorría las aldeas de alrededor, enseñando.

—Marcos 6:1–6, énfasis añadido

Honrar al hombre de Dios que viene a ministrar es otro nivel
de fe en el poder del Espíritu Santo que mora y actúa en nosotros.
Si usted no puede honrar, respetar y aceptar al hombre de Dios,
usted básicamente está diciendo: "No creo que el Espíritu Santo
esté trabajando en usted, y no recibo lo que usted ha venido a
dar". Usted está esencialmente rechazando su sanidad.

DÉ DOBLE HONOR

Los ancianos que gobiernan bien, sean tenidos por
dignos de doble honor, mayormente los que trabajan
en predicar y enseñar. Pues la Escritura dice: No

pondrás bozal al buey que trilla; y: Digno es el obrero
de su salario.

—1 Timoteo 5:17-18

Recuerde, la palabra *honor* significa "valor". ¿Cuánto valora
usted a los ministros que Dios ha puesto en su medio? Pablo está
hablando aquí acerca de financiar el ministerio. En este caso,
honrar significa "dar y apoyar financieramente". Las congregaciones que no bendicen a sus ministros financieramente los están
deshonrando. No puede recibir de su unción si no los honra
de esta manera. Usted recibirá más de la unción, de entre los
hombres y mujeres de Dios, si usted los honra con su dar.

En Hechos 28, el dar de la gente siguió a las sanidades milagrosas, pero hubo una honra inequívoca dada una vez que
reconocieron el poder sanador activado en Pablo.

> Entonces, habiendo recogido Pablo algunas ramas
> secas, las echó al fuego; y una víbora, huyendo del
> calor, se le prendió en la mano. Cuando los naturales
> vieron la víbora colgando de su mano, se decían unos
> a otros: Ciertamente este hombre es homicida, a quien,
> escapado del mar, la justicia no deja vivir. Pero él, sacu-
> diendo la víbora en el fuego, ningún daño padeció.
>
> —Hechos 28:3-5

Los hombres observaron a Pablo un poco más para ver si se
hincharía o se desmayaría y moriría. Pero cuando ninguna de
esas cosas sucedieron, se sorprendieron y pensaron que el poder
demostrado era divino. No solamente esto, sino que el líder de la
isla, Publio, también trató a Pablo y a sus compañeros con gran

respeto y honor. Los agasajó y los recibió con cortesías durante tres días. Por lo tanto, no hubo ningún obstáculo cuando el padre de Publio necesitaba ser sanado de disentería. Luego la sanidad comenzó a fluir hacia todos los que estaban enfermos en la isla.

La honra fluyó desde arriba. El líder de esta isla sabía como agasajar a los invitados. Primero los honró, y las sanidades comenzaron a fluir. Pero no se quedó allí. La gente mostró una honra adicional o un doble honor, al asegurarse de que no les faltara nada a su partida.

> Hecho esto, también los otros que en la isla tenían enfermedades, venían, y eran sanados; los cuales también nos honraron con muchas atenciones; y cuando zarpamos, nos cargaron de las cosas necesarias.
>
> —Hechos 28:9–10

No es difícil ver la correlación entre honrar y recibir sanidad. Un regalo es mejor dado cuando es bien recibido. ¿Qué tanto mejora el desempeño de un cantante o de un actor cuando su talento es apreciado por la audiencia? Por eso que muchos israelitas murieron durante la hambruna. Simplemente no apreciaron los dones de Elías y Eliseo.

> Y murió Eliseo, y lo sepultaron. Entrado el año, vinieron bandas armadas de moabitas a la tierra. Y aconteció que al sepultar unos a un hombre, súbitamente vieron una banda armada, y arrojaron el cadáver en el sepulcro de Eliseo; y cuando llegó a tocar el muerto los huesos de Eliseo, revivió, y se levantó sobre sus pies.
>
> —2 Reyes 13:20–21

Eliseo tenía suficiente unción en *sus huesos* como para resucitar a un hombre de los muertos. ¡Imagínese la unción que estuvo a disposición de Israel cuando estaba vivo! Pero como no honraron, respetaron o recibieron sus dones, no recibieron los milagros que necesitaban. Cada leproso en Israel necesitaba un milagro. El Señor, en su misericordia, vio la necesidad y proveyó al hombre de Dios con esta unción. Era responsabilidad de Israel demandar su operación. Sus necesidades no fueron satisfechas porque no hubo demanda. No hubo fe. No hubo honra. Si hubieran honrado al profeta de Dios, hubieran sido sanados. La unción estaba disponible. Era lo suficientemente fuerte. Pero no demandaron su operación. Como se dijo antes: *donde no hay demanda no hay provisión.*

LIBERE HONRA PARA EL HOMBRE DE DIOS

Que mi vida sea de valor delante de los ojos del hombre de Dios para que sea preservada (2 Reyes 1:13–14).

Declaro que el hombre de Dios en esta ciudad es insigne, y que todo lo que él dice acontece sin falta. Nos dará algún indicio del camino a seguir. Cuando acuda a él para recibir dirección, lo bendeciré con dones valiosos (1 Samuel 9:6–9).

El hombre de Dios orará por mí y seré restaurado. Le haré lugar en mi casa para que pueda tener un refrigerio (1 Reyes 13:6–8).

La palabra del Señor está en la boca del hombre de Dios (1 Reyes 17:24).

El hombre de Dios sigue la justicia, la piedad, la fe, el amor, la paciencia, la mansedumbre. Pelea la buena batalla de la fe y echa mano de la vida eterna (1 Timoteo 6:11-13).

El hombre de Dios es perfecto y enteramente preparado para toda buena obra (2 Timoteo 3:17).

Iré con todos para pedir prestadas vasijas donde poner el interminable fluir de unción que el hombre de Dios ha hablado sobre mi casa. Esta unción traerá prosperidad a mis hijos y a mí (2 Reyes 4:1-7).

Seguiré las instrucciones del hombre de Dios, para que mi cuerpo sea restaurado como el de un niño y que sea limpiado (2 Reyes 5:14).

El hombre de Dios está ungido para ministrar al Señor como sacerdote sobre su pueblo por sus generaciones (Éxodo 40:15).

El hombre de Dios, consagrado para ser sacerdote, buscará a Dios en oración a mi favor (Levítico 16:32-33).

El Señor exaltará el poderío de su ungido; Él le dará fuerza al hombre de Dios (1 Samuel 2:10).

El hombre de Dios será suscitado y hará conforme al corazón y el alma de Dios. Dios le edificará casa firme, y andará delante del ungido de Dios todos los días (1 Samuel 2:35).

El Señor me guarde de hacer alguna cosa fuera de lugar contra el ungido del Señor. No extenderé mi mano contra él, porque es el ungido del Señor (1 Samuel 24:6).

No extenderé mi mano contra el hombre de Dios, porque es el ungido del Señor (1 Samuel 24:10–11).

No tocaré a los ungidos del Señor, ni haré mal a sus profetas (1 Crónicas 16:22).

Señor Dios, no rechaces a tu ungido; acuérdate de tus misericordias al hombre de Dios (2 Crónicas 6:42).

El Señor salva a su ungido; lo oirá desde sus santos cielos con la potencia salvadora de su diestra (Salmos 20:6).

El Señor es la fortaleza del hombre de Dios. Es el refugio salvador de su ungido (Salmos 28:8).

Dios ha ungido al hombre de Dios con óleo de alegría más que a sus compañeros (Salmos 45:7).

El Señor ha hallado al hombre de Dios. Lo ungió con su santa unción. La mano de Dios estará siempre con él. Su brazo también lo fortalecerá. No lo sorprenderá el enemigo, ni hijo de iniquidad lo quebrantará. Sino que el Señor quebrantará delante de él a sus enemigos (Salmos 89:20–23).

El Espíritu del Señor Dios está sobre el hombre de Dios, porque lo ungió el Señor para predicar buenas nuevas a los abatidos. Lo ha enviado a vendar a los quebrantados de corazón, a publicar libertad a los cautivos, y a los presos apertura de la cárcel; a proclamar el año de la buena voluntad del Señor, y el día de venganza del Dios nuestro; a consolar a todos los enlutados; a ordenar que a los afligidos de Sion se les dé gloria en lugar de ceniza, óleo de gozo en lugar de luto, manto de alegría en lugar del espíritu angustiado; y serán llamados árboles de justicia, plantío del Señor, para gloria suya (Isaías 61:1–3).

Dios ha ungido al hombre de Dios con el Espíritu Santo y con poder. Y andará haciendo bienes y sanando a todos los oprimidos por el diablo, porque Dios está con él (Hechos 10:38–39).

El hombre de Dios ha sido confirmado conmigo en Cristo. Ha sido ungido por Dios. El cual también lo selló, y le dio las arras del Espíritu en su corazón (2 Corintios 1:21–22).

Delante de las canas me levantaré, y honraré el rostro del anciano (Levítico 19:32).

El hombre de Dios honra al Señor; por lo tanto, él será honrado (1 Samuel 2:30).

Al hombre de Dios le será dado lugar de honor entre los convidados (1 Samuel 9:22).

Dios ha coronado al hombre de Dios de gloria y honra (Salmos 8:5).

El Señor le ha concedido al hombre de Dios el deseo de su corazón, y no le negó la petición de sus labios. El Señor le ha salido al encuentro con bendiciones de bien; corona de oro fino ha puesto sobre su cabeza. Vida le demandó a Dios, y se la dio (Salmos 21:2–4).

El hombre de Dios invocará al Señor, y Él le responderá. Con él estará Dios en la angustia. Lo librará y lo glorificará (Salmos 91:15).

La sabiduría lo honrará cuando la haya abrazado (Proverbios 4:8).

El hombre de Dios sigue la justicia y la misericordia. Halla vida, justicia y honra (Proverbios 21:21).

El hombre de Dios es humilde y teme al Señor. Es remunerado con riquezas, honra y vida (Proverbios 22:4).

El hombre de Dios es humilde de espíritu; es sustentado por la honra (Proverbios 29:23).

El hombre de Dios tendrá doble honra en lugar de deshonra. Se regocijará en su heredad en lugar de estar confundido. En su tierra poseerá el doble. Y tendrá gozo perpetuo (Isaías 61:7).

El hombre de Dios honra a su Padre en los cielos. No busca su propia gloria (Juan 8:49).

Gloria, honra y paz al hombre de Dios porque hace lo bueno (Romanos 2:10).

Los ancianos que gobiernen bien, serán tenidos por dignos de doble honor (1 Timoteo 5:17).

Capítulo 4

Toque el Borde del Manto

Porque decía dentro de sí: Si tocare solamente su manto, seré salva.

—Mateo 9:21

La versión Reina-Valera de la Biblia dice: "Si tocare solamente su manto". El *manto* representa la *unción*. Eliseo recogió el manto que se le cayó a Elías (2 Reyes 2:13). Golpeó las aguas con el manto de Elías. Cuando Dios llamó a Eliseo, utilizó a Elías para echar su manto sobre él (1 Reyes 19:19). Esto representaba la unción que venía sobre él para iniciar el oficio de profeta. A esto lo llamamos el *manto profético*.

Jesús caminó y ministró como un profeta de Dios. Ministró bajo un manto profético. Su manto también incluía sanidad y milagros. La mujer con el flujo de sangre se abrió paso entre la multitud para tocar su manto. Ella estaba recurriendo a su manto profético. Como resultado, recibió un milagro. Hay diferentes mantos que son dados a distintas personas. Cuando usted toca el manto de un oficio en particular, usted extraerá virtud y poder de esa unción. No me estoy refiriendo a tocar a la persona físicamente sino a extraer de ellos *espiritualmente*. La fe es el canal a través del cual usted recibe. Es la tubería.

> Cuando le conocieron los hombres de aquel lugar, enviaron noticia por toda aquella tierra alrededor, y trajeron a él todos los enfermos; y le rogaban que les dejase tocar solamente el borde de su manto; y todos los que lo tocaron, quedaron sanos.
>
> —Mateo 14:35–36

La versión de Montgomery de la Biblia en inglés dice que "le seguían rogando". ¿Alguna vez le han rogado de manera continua? Están exigiendo algo de usted. Así es como usted debe recurrir a la unción. *Rogar* significa: "Pedir de manera urgente o ansiosa, solicitar sinceramente, implorar, suplicar". Esto significa *buscar*. Es dejar a un lado el orgullo. Usted admite tener una necesidad y busca a alguien que tiene la capacidad de ayudarlo. Si usted nunca reconoce su necesidad de la unción y su completa dependencia de ella, nunca recurrirá a ella.

> Y dondequiera que entraba, en aldeas, ciudades o campos, ponían en las calles a los que estaban enfermos, y le rogaban que les dejase tocar siquiera el borde de su manto; y todos los que le tocaban quedaban sanos.
>
> —Marcos 6:56

Adondequiera que Jesús iba la gente estaba demandando la operación de su unción. Le rogaron tocar su manto. Extrajeron la sanidad y los milagros de Él. Uno podría pensar que esto sucedió en cada ciudad porque era un movimiento soberano de Dios. Podría suponer que la gente no tenía nada que ver con ello. Pero recuerde, no sucedió lo mismo en su pueblo natal de Nazaret. No le rogaron tocarlo en Nazaret. Estos milagros no ocurrieron en

Nazaret porque la gente no exigió la operación de la unción. En otras aldeas y ciudades lo hicieron y fueron sanados.

Si usted quiere ser sanado usted necesita extender la mano y tocar el borde del manto de Jesús. Usted necesita rogar por la unción que Él ha puesto sobre hombres y mujeres de Dios en su vida. Tire de sus unciones y exija su milagro de sanidad. Que oren por usted y que le impongan manos para que sea sanado.

Como mencioné en la introducción, la sanidad puede ser transferible por medio de los paños ungidos o de la ropa proveniente del hombre o la mujer de Dios. La unción de sanidad es tangible. Nosotros usábamos paños ungidos sobre los que orábamos para darlos a la gente en mi iglesia. Recibimos muchos testimonios de sanidad como resultado de esto. Pablo confirma este fenómeno en Hechos 19:11–13. Al tocar los paños y los delantales del cuerpo de Pablo, los enfermos recibían sanidades milagrosas. La Biblia dice que las enfermedades dejaban a estas personas y que los demonios salían de ellas. Esto requiere un nivel de fe sumamente alto y una demanda mayor de los dones de los ungidos de Dios. Usted no puede dudar tener una alta expectativa para recibir sanidad por medio de tocar la ropa. Así como la que tuvo la mujer con el flujo de sangre, usted debe *extraer* de ese toque.

ACÉRQUESE AL SANADOR POR MEDIO DE SU PALABRA

Aconteció que estando Jesús junto al lago de Genesaret, el gentío se agolpaba sobre él para oír la palabra de Dios […] Y entrando en una de aquellas barcas, la cual

> era de Simón, le rogó que la apartase de tierra un poco;
> y sentándose, enseñaba desde la barca a la multitud.
>
> —Lucas 5:1, 3

La fe viene por el oír (Romanos 10:17). Pro eso es que necesitamos *escuchar* acerca de la unción sanadora. Necesitamos enseñanza con respecto a esa unción. Para exigir la operación del don de enseñanza, usted debe tener el deseo de conocer. La versión en inglés de la Biblia, *New English Translation*, dice que la gente se arremolinaba sobre Él para escuchar la Palabra de Dios. Estas personas estaban exigiendo la operación de su don de enseñanza. Hubo tal demanda que tuvo que pedir prestada la barca de Simón para enseñar a las multitudes. ¿Qué tan seguido la gente se agolpa en los edificios para escuchar una enseñanza? Solamente los que están hambrientos por la Palabra de Dios se esforzarán por escuchar. Su hambre por las cosas de Dios los llevará a exigir la operación de los dones de Dios

Jesús siempre le respondió a la gente que demandó una operación de Él por medio de su hambre por las cosas de Dios. Nunca los envió con las manos vacías. Cuando viajo, ministrando la Palabra de Dios, discierno diferentes niveles de hambre espiritual en diferentes lugares. Algunas personas se esfuerzan por escuchar la Palabra. Van a extraer la revelación de uno. Uno enseñará en un mayor nivel de unción a causa del hambre de la gente.

No quiero enseñarle a personas que no están hambrientas de la Palabra. En algunos lugares, la gente simplemente se sienta a verlo a uno. Ellos no quieren realmente nada de parte de Dios. No hay hambre, no hay presión. Si hubieran tenido que llegar temprano para alcanzar lugar, no estarían presentes. El principio espiritual que estamos compartiendo en este libro es lo que yo llamo *la ley de la oferta y la demanda*. Donde no hay demanda no hay provisión. Los cristianos apáticos y pasivos no reciben mucho de los dones de Dios.

> El siguiente día de reposo se juntó casi toda la ciudad
> para oír la palabra de Dios.
>
> —Hechos 13:44

No solamente los individuos pueden exigir la operación de la unción, sino también lo pueden hacer ciudades enteras.

Este versículo me emociona por la posibilidad de que ciudades enteras deseen escuchar la Palabra de Dios. Creo que en estos últimos días el Señor va a provocar hambre en ciudades por escuchar la Palabra. Cuando los dones del ministerio lleguen a la ciudad, la gente se reunirá y exigirá la operación de esos dones. Esto ha sucedido en alguna dimensión en el pasado, pero sucederá en una magnitud todavía mayor en estos días, a medida que el Señor derrama su Espíritu sobre toda carne.

Mientras Pablo y Bernabé ministraban en Antioquia de Pisidia, los gentiles fueron los que estaban expectantes por la operación de los dones apostólicos. Los judíos estaban comenzando a endurecer sus corazones. Ellos no deseaban escuchar las buenas nuevas de salvación. Pablo y Bernabé comenzaron a volverse a los gentiles. Los dones del ministerio siempre estarán donde está la demanda. Los gentiles eran los que estaban hambrientos. Los dones de Dios fueron soltados a su favor. Como resultado, recibieron salvación, sanidad y liberación.

Y la palabra del Señor se difundía por toda aquella provincia.

—Hechos 13:49

Tan emocionante como puede parecer que las ciudades se junten a escuchar la Palabra, ¡es todavía más emocionante que las *provincias* sean cargadas por el poder de Dios! Como resultado del hambre que había en la ciudad y de que los dones de Dios fueron soltados, toda la *provincia* fue afectada. Las sanidades masivas suceden a lo largo de grandes zonas geográficas. ¡No estoy satisfecho con que solamente mi ciudad sea tomada para Dios, sino que quiero afectar mi provincia! Cuando hay hambre por la Palabra de Dios en una ciudad va a afectar a toda la región y la unción para enseñar, hacer milagros y sanidades puede ser soltada. Una vez que se exige la operación de la unción, esa unción será soltada a favor de ciudades y regiones enteras.

ORACIONES QUE TRAEN SANIDAD MEDIANTE TOCAR

En seis tribulaciones me librará, y en la séptima no me tocará el mal (Job 5:19).

Estoy confiado dentro de mí de que si toco solamente su manto, seré salvo (Mateo 9:21).

Cuando conozcan quién eres tú, la gente enviará noticia por toda aquella tierra alrededor, y traerán a ti todos los enfermos para que ellos también puedan tocar solamente el borde de tu manto (Mateo 14:35–36).

Haré lo que sea por tocarte, Jesús, y tú me sanarás de mi plaga (Marcos 3:10).

Extenderé mi mano para tocar tu manto, y seré salvo (Marcos 5:28).

Y dondequiera que tu Espíritu entre, en aldeas, ciudades o campos, pondrán en las calles a los enfermos, y te rogarán que los dejes tocar siquiera el borde de tu manto; y todos los que te toquen quedarán sanos (Marcos 6:56).

Los ciegos vendrán a ti, rogando que los toques. Los tocarás y su vista será restaurada. Verán claramente las cosas (Marcos 8:22–25).

Toda la gente procurará tocarte, porque poder saldrá de ti y sanarás a todos (Lucas 6:19).

Como con Eliseo, incluso los huesos del hombre o la mujer de Dios que has ungido estarán llenos de vida y sanidad de tal manera que a su toque los muertos revivirán y se levantarán sobre sus pies (2 Reyes 13:21).

Que uno de tus serafines vuele hacia mí, y me toque con un carbón encendido de tu altar para que mi pecado, enfermedad e iniquidad sean quitadas (Isaías 6:6–7).

Señor, extiende tu mano y tócame. Pon tus palabras dadoras de vida y sanadoras en mi boca (Jeremías 1:9).

Has enviado a tus ángeles, me han tocado y me han fortalecido (Daniel 10:18).

Has extendido tu mano y me has tocado. Se que seré limpio inmediatamente (Mateo 8:2–3).

El hombre de Dios me ha tocado. La enfermedad me ha dejado. Ahora puedo levantarme y servir a los que están a mi alrededor (Mateo 8:15).

Tocaste mis ojos, oh Señor, y conforme a mi fe, han sido abiertos (Mateo 9:29–30).

Viniste y me tocaste. Me levantaré y no temeré. Alzaré mis ojos y no veré a nadie sino a Jesús solo (Mateo 17:7–8).

Tuviste compasión de mí y tocaste mis ojos. Enseguida recibí la vista y te seguí (Mateo 20:34).

Me tomaste aparte de la gente y metiste los dedos en mis orejas y tocaste mi lengua. Y al momento, mis oídos fueron abiertos y mi lengua fue desatada (Marcos 7:33–35).

Te acercarás y tocarás mi cuerpo sin vida. Me has dicho que me levante. Entonces me incorporaré y comenzaré a hablar (Lucas 7:14–15).

Sí, he sufrido hasta ahora, pero tú tocarás mi oreja y me sanarás (Lucas 22:51).

Sobre todos los que pones tus manos son sanados (Lucas 4:40).

Pon tus manos sobre los enfermos y sánalos (Marcos 6:5).

Pon tus manos sobre los enfermos y los deformes y de inmediato se enderezarán y glorificarán a Dios (Lucas 13:13).

Como el apóstol Pablo, que el hombre de Dios venga y me imponga las manos y me sane (Hechos 28:8).

ORE CON LA PALABRA PARA OBTENER SANIDAD

La sanidad del Señor se dejará ver pronto (Isaías 58:8).

A ti clamé, Dios mío, y me sanaste. Me diste vida (Salmos 30:2–3).

Por tus llagas, fui sanado (Isaías 53:5).

Señor di la palabra, y sáname en esta misma hora (Mateo 8:8, 13).

Declaro que bien voy; aún vivo (Génesis 43:28).

El temor del Señor es medicina a mi cuerpo y refrigerio para mis huesos (Proverbios 3:7–8).

Estaré atento a las palabra de Dios. Inclinaré mi oído a tus razones. No se apartarán de mis ojos. Las guardaré en medio de mi corazón porque son vida para mi y medicina a todo mi cuerpo (Proverbios 4:20–22).

Voy a hablar con sabiduría y promover la salud (Proverbios 12:18).

Recibiré y hablaré solamente dichos suaves. Son como panal de miel, suavidad al alma y medicina para los huesos (Proverbios 16:24).

Declaro que seré prosperado en todas las cosas y que tendré salud, así como prospera mi alma (3 Juan 1:2–3).

Con los cielos y la tierra por testigos, escojo la vida, para que viva yo y mi descendencia (Deuteronomio 30:19).

Declaro, oh Señor, que eres vida para mí y prolongación de mis días. Te amo. Decido atender a tu voz. Te seguiré (Deuteronomio 30:20).

Declaro, oh Señor, que eres el restaurador de mi alma y sustentador de mi vejez (Rut 4:15).

Has redimido mi alma de toda angustia (2 Samuel 4:9–10).

No quitas la vida, sino que provees medios para no alejarme de ti (2 Samuel 14:14–15).

Ofrezco sacrificios agradables al Dios del cielo, y oro por mi vida y por mis hijos (Esdras 6:10).

Si he hallado gracia ante tus ojos, y si te place, séame dada mi vida por mi petición (Ester 7:3).

Me reuniré con otros creyentes y estaré a la defensa de mi vida. Destruiré, mataré y acabaré con todas las fuerzas que vengan contra mí a atacarme. Tomaré sus despojos por presa (Ester 8:11).

CAPÍTULO 5

SAQUE AGUA DEL POZO

Y estaba allí el pozo de Jacob. Entonces Jesús,
cansado del camino, se sentó así junto al pozo. Era
como la hora sexta. Vino una mujer de Samaria a
sacar agua.

—Juan 4:6–7

LA UNCIÓN DE sanidad que acompaña a los dones del
ministerio es como un pozo. La mujer samaritana que vino
al pozo aquel día quizá no parecía tener problemas físicos, pero
Jesús sabía que necesitaba sanidad. Su necesidad de sacar agua
del pozo espiritual que Jesús tenía dentro de sí estaba siendo
representado en lo natural por su necesidad física de sacar agua
del pozo de Jacob.

Jesús estaba operando completamente en el Espíritu porque
la Palabra de Dios moraba en Él; Él era la Palabra (Juan 1:1–2).
Por lo tanto, su nivel de discernimiento pudo penetrar más
allá de lo natural y ver la necesidad espiritual de esta mujer
(consulte Hebreos 4:12). Pero el asunto no se quedó allí. Que
Jesús reconociera la necesidad de esta mujer no fue lo que hizo
que su necesidad fuera satisfecha, sino que ella comenzó a recurrir al pozo de unción que Jesús tenía dentro de Él. La mujer

samaritana le dijo: ¿Cómo tú, siendo judío, me pides a mí de beber, que soy mujer samaritana? [...] Señor, no tienes con qué sacarla, y el pozo es hondo. ¿De dónde, pues, tienes el agua viva? ¿Acaso eres tú mayor que nuestro padre Jacob, que nos dio este pozo, del cual bebieron él, sus hijos y sus ganados? (Juan 4:9, 11–12). Entre más se acercaba más se rendía al anhelo de sanidad en su corazón, y más profundo cavaba en el pozo del Espíritu. En cierto punto ella fue directo al grano y exigió: "Señor, dame esa agua, para que no tenga yo sed, ni venga aquí a sacarla" (v. 15).

Esta mujer demandó la operación del Espíritu, la cual nunca le será rehusada a nadie. La Biblia dice en Apocalipsis 21:6 que Dios le dará gratuitamente el agua de la fuente de vida a cualquiera que tenga sed (ver Apocalipsis 22:17). ¿Está sediento por sanidad? ¿Profundizará en el pozo del Espíritu para su sanidad?

Como esta mujer, usted puede exigir la operación de la unción sanadora y sacar de ella. Hay una provisión interminable del Espíritu disponible para cada creyente.

> Porque sé que por vuestra oración y la suministración del Espíritu de Jesucristo, esto resultará en mi liberación.
>
> —Filipenses 1:19

Cuando veo los dones del ministerio del Espíritu, veo un *depósito* o *pozo viviente*. En ese pozo se encuentra la provisión de la unción. El Señor ha depositado su unción en individuos para el perfeccionamiento de los santos. Es nuestra responsabilidad sacar lo que necesitamos de esa provisión. Así como Jesús tiene un pozo, los hombres y mujeres de Dios han sido facultados por medio del Espíritu Santo con milagros, revelación y liberación para usted en ese mismo pozo. Si usted exige la operación de la unción de ese pozo, los milagros fluirán de los hombres de Dios hacia usted.

> Y toda la gente procuraba tocarle, porque poder salía de él y sanaba a todos.
>
> —Lucas 6:19

Estas personas estaban demandando la operación de la unción. El poder salía de Jesús porque la gente estaba sacándolo del pozo de su unción. Lo sacaban a través de buscar tocarlo. Usted puede literalmente extraer la operación de la unción de los dones del ministerio a través de su fe, por medio del ayuno y la oración, mediante adorar en Espíritu y en verdad, al andar en obediencia a la Palabra de Dios, por medio de permanecer en la presencia de Dios, y a través de honrar al hombre o a la mujer de Dios. Si estas personas se hubieran sentado y esperado que Jesús lo hiciera por ellos probablemente no hubieran recibido nada. Muchas veces los creyentes simplemente se sientan y esperan que el hombre o la mujer de Dios haga algo. Dios ha puesto el pozo en medio de nosotros y tenemos que sacar de él.

OFERTA Y DEMANDA

El Señor habló a mi corazón acerca del hecho de que siempre hay provisión cuando hay demanda. Los problemas de drogas en nuestras ciudades no existirían si no hubiera demanda para esas drogas. Como hay una demanda por drogas, hay oferta. Esto funciona igual con la unción. Si no hay demanda, no habrá provisión. Los santos hambrientos que demandan la operación de los dones del ministerio siempre tendrán provisión de la unción. He ministrado en iglesias en las que había tal hambre y sed por la unción que literalmente me extrajeron el poder. He ministrado en otros lugares en los que no había demanda y como resultado nada sucedió. La gente simplemente se sentó a esperar que algo sucediera y nada sucedió. No hubo hambre o expectación por la revelación, la inspiración o el poder.

Como pastor, le enseño a los miembros de nuestra congregación local que expriman a los dones del ministerio que ministran en nuestros servicios. Les digo que exijan la operación de la unción en los apóstoles, profetas, evangelistas, pastores y maestros. Les enseño que esos dones de Dios tienen una provisión dentro de sí y que es responsabilidad de ellos sacarla.

Muchos ministros que han ministrado en nuestra iglesia local se quedan perplejos por la unción en la que pueden fluir. Esto sucede porque le enseño a la gente que la saquen de ellos. A los ministros les encanta ministrar en ese tipo de atmósfera. El fluir es mucho más fácil porque la gente está sacándolo *de* usted en lugar de estarlo bloqueando.

> Y dos ciegos que estaban sentados junto al camino, cuando oyeron que Jesús pasaba, clamaron, diciendo: ¡Señor, Hijo de David, ten misericordia de nosotros! Y la gente les reprendió para que callasen; pero ellos clamaban más, diciendo: ¡Señor, Hijo de David, ten misericordia de nosotros!
>
> —Mateo 20:30–31

Estos hombres *demandaron* el poder de Jesús. Ellos clamaron más incluso cuando la multitud los estaba reprendiendo para que callaran. Tuvieron que esforzarse para abrirse paso entre la multitud para recibir su milagro. Si se hubieran quedado callados, no hubieran recibido el milagro. Tuvieron que demandar la operación de la unción. Jesús iba pasando. Si no hubieran demandado la operación de su unción, Él *los* hubiera pasado de largo. Es como retirar dinero del banco. Usted debe ir al cajero con una boleta de retiro y demandar fondos de la cuenta. Por eso es que en los Estados Unidos se llaman cuentas de depósito a demanda, o DDA por sus siglas en inglés. Si usted nunca demanda los fondos, nunca va a retirar nada de la cuenta. Una iglesia jamás debe permitir que un don del ministerio venga en medio de ella y ministre sin demandar la operación de la unción en ese don.

> Salió Jesús de allí y vino a su tierra, y le seguían sus discípulos. Y llegado el día de reposo, comenzó a enseñar en la sinagoga; y muchos, oyéndole, se admiraban, y decían: ¿De dónde tiene éste estas cosas? ¿Y qué sabiduría es esta que le es dada, y estos milagros que por sus manos son hechos? ¿No es éste el carpintero, hijo de María, hermano de Jacobo, de José, de Judas y de Simón? ¿No están también aquí con nosotros sus hermanas? Y se escandalizaban de él. Mas Jesús les decía: No hay profeta sin honra sino en su propia tierra, y entre sus parientes, y en su casa. Y no pudo hacer allí ningún milagro, salvo que sanó a unos pocos enfermos, poniendo sobre ellos las manos.

Y estaba asombrado de la incredulidad de ellos. Y recorría las aldeas de alrededor, enseñando.

—Marcos 6:1–6

Justo en medio de ellos había una provisión; *un pozo de unción*. En ese pozo había salvación, sanidad, liberación y milagros. Jesús era un pozo andante de unción. Tuvieron la oportunidad de demandar su operación, pero no lo hicieron a causa de su *incredulidad*. No lo veían como un pozo de unción sino como un carpintero, el "hijo de María, hermano de Jacobo, de José, de Judas y de Simón". Lo vieron y lo juzgaron en lo natural. No obstante, si lo hubieran visto en el Espíritu, lo hubieran visto como un pozo o un depósito de unción. Ellos podrían haber extraído de Él milagros y sanidad por *fe*.

Debemos comenzar a ver a los dones del ministerio en el espíritu. Usted debe ver a su pastor como un pozo andante de unción. Usted debe demandar la operación de la unción y extraer los milagros de él. No hay nada malo en que los ministros le digan a la gente cuál es su unción. Si usted tiene unción para sanar, dígaselo a la gente. Déles la oportunidad de extraer de ese pozo de unción. Si usted tiene unción profética, dígaselo a la gente. Que saquen palabras proféticas de usted. Si usted tiene unción para enseñar, dígaselo a la gente. Que tomen del conocimiento, revelación y sanidad que hay en usted.

EXTRAIGA DE LOS VASOS UNGIDOS

Y estaban allí seis tinajas de piedra para agua, conforme al rito de la purificación de los judíos, en cada una de las cuales cabían dos o tres cántaros. Jesús les dijo: Llenad estas tinajas de agua. Y las llenaron hasta arriba. Entonces les dijo: Sacad ahora, y llevadlo al maestresala. Y se lo llevaron. Cuando el maestresala probó el agua hecha vino, sin saber él de dónde era, aunque lo sabían los sirvientes que habían sacado el agua, llamó al esposo, y le dijo: Todo hombre sirve primero el buen vino, y cuando ya han bebido mucho, entonces el inferior; mas tú has reservado el buen vino hasta ahora.

—Juan 2:6–10

La historia del primer milagro de Jesús en Caná de Galilea es profético. Las seis tinajas de piedra representan a los vasos que el Señor usa (2 Corintios 4:7). El seis es el número del hombre. El hombre fue creado en el sexto día. Jesús ordenó que las tinajas fueran llenas de agua. El agua representa la Palabra (Efesios 5:26). Los siervos de Dios necesitan llenarse de la Palabra de Dios. Los apóstoles, profetas, evangelistas, pastores y maestros deben ser llenos de la Palabra. El Señor lo llenará de la Palabra para que otros puedan extraer de usted.

Entonces Jesús les dijo que sacaran de las tinajas de agua. A medida que sacaban el agua se convirtió en vino. El vino representa al Espíritu Santo. Representa la unción de Dios. Debemos sacar vino de los dones del ministerio. La palabra griega para *sacar* es *antleo,* que significa servirse agua con un cubo o una jarra.

Tenemos que utilizar nuestros cubos para sacar de los vasos de barro que Dios ha llenado con su Palabra. Cuando estoy alrededor de dones del ministerio ungidos, saco el cubo y estoy listo para empezar a servirme. Cuando los vasos del Señor vienen a la iglesia local debemos extraer de ellos. Sacamos porque tenemos necesidades. Tomamos de ellos porque necesitamos ser sanados. La madre de Jesús le dijo: "No tienen vino" (Juan 2:3). Había necesidad de vino en la fiesta. Cuando hay una necesidad para la unción y el fluir del Espíritu, debemos extraer de los vasos de barro que el Señor nos ha dado. Debemos usar nuestra fe para sacar el vino cuando hay una necesidad.

Los dones del ministerio deben invertir tiempo llenándose de la Palabra. Debemos permitir que el Señor llene nuestros vasos con el agua de la Palabra. Cuando ministremos, debemos permitir que los santos de Dios extraigan de nosotros. Hay tantos con necesidad. Necesitan que el vino del Espíritu Santo fluya de nosotros.

Sea llenándonos o extrayendo del Espíritu Santo, verdaderamente necesitamos el poder de Dios fluyendo en nuestra vida. Usted está leyendo esto porque tiene una necesidad. Usted necesita que el poder de Dios fluya con sanidad en su vida. Es mi esperanza sincera y mi oración que esta revelación lo lleve a extraer sanidad del Espíritu por medio de los vasos de barro que Él haya ungido. Deseo que beba del agua de vida que Dios da gratuitamente para que comience a recibir en abundancia la plenitud de Dios en su vida.

SAQUE SALUD Y VIDA DEL POZO DEL ESPÍRITU

Has abierto mis ojos para ver la fuente de agua de tu Espíritu. Llenaré mi odre y beberé (Génesis 21:19).

Estoy junto a la fuente de tu Espíritu y lo que declare sucederá (Génesis 24:43).

Profundizaré en el pozo de tu Espíritu, porque has hecho espacio para mí y seré fructífero en la tierra (Génesis 26:22).

Cavaré en el valle de mis circunstancias y allí hallaré un pozo de aguas vivas (Génesis 26:19).

Cavaré y cavaré hasta que encuentre el agua de tu Espíritu (Génesis 26:32).

Soy fructífero junto a la fuente de tu Espíritu. Me mantengo poderoso y los brazos de mis manos son fortalecidos por las manos del Dios Todopoderoso (Génesis 49:22–24).

Mi espíritu acampa en Elim junto a las doce fuentes de agua y setenta palmeras, porque eres mi sanador y ninguna enfermedad de las que enviaste a los egipcios vendrá sobre mí (Éxodo 15:26–27).

Con entendimiento y sabiduría, alcanzaré el consejo que has puesto en lo profundo del pozo de mi corazón (Proverbios 20:5) y encontraré sanidad.

Con gozo extraigo agua sanadora de los pozos de la salvación (Isaías 12:3).

Cavé en el pozo de tu Espíritu y bebí las aguas (Isaías 37:25).

Señor, dame esa agua, para que no tenga yo sed ni vaya a los pozos terrenales para sacar agua (Juan 4:15).

Bebo del agua que tú me has dado. Es una fuente que salta para vida eterna (Juan 4:14).

Le hablo al pozo del Señor en lo profundo de mí: "Sube, oh pozo". Cavaré este pozo conforme a tu dirección (Números 21:16–18).

Como David, anhelo beber del agua del pozo de Belén (2 Samuel 23:15).

Que tu lluvia caiga y llene los estanques del pozo que he hecho en mi espíritu (Salmos 84:6).

Mi boca es manantial de vida (Proverbios 10:11). Hablo vida, salud y prosperidad a mi mente, cuerpo y espíritu.

Fuente de huertos, pozo de aguas vivas, que corren del Líbano moran dentro de mí (Cantares 4:15).

SANIDAD Y BENDICIÓN
DEL AGUA DE VIDA

Tengo sed, por lo cual, vengo a ti y bebo agua viva (Juan 7:37).

De mi interior corren ríos de agua viva porque creo en ti (Juan 7:38).

Volveré con lloró y me harás andar junto a arroyos de aguas por camino en el cual no tropezaré (Jeremías 31:9).

Soy como un árbol plantado junto a corrientes de aguas. Que da su fruto a su tiempo. Y mi hoja no cae. Y todo lo que hago prospera (Salmos 1:3).

Soy como un árbol plantado junto a las aguas. Junto a la corriente echo mis raíces. Cuando venga el calor y la sequía, mi hoja estará verde y no dejaré de dar fruto (Jeremías 17:8).

He sido plantado en un buen campo junto a muchas aguas. Soy una vid robusta que hace ramas y da fruto (Ezequiel 17:8).

Mi madre es como una vid plantada junto a las aguas. Ella da fruto y echa vástagos a causa de las muchas aguas (Ezequiel 19:10).

Me has mostrado un río limpio de agua de vida, resplandeciente como el cristal, que sale del trono de Dios y del Cordero. En medio del río estaba el árbol de la vida, cuyas hojas son para la sanidad de las naciones, y no habrá más maldición de enfermedad sobre mi vida (Apocalipsis 22:1–3).

Tomo gratuitamente del agua de la vida (Apocalipsis 22:17).

El Alfa y la Omega, el principio y el fin, me ha dado gratuitamente de la fuente del agua de vida y yo bebo (Apocalipsis 21:6).

Sirvo al Señor mi Dios. Él ha bendecido mi pan y mis aguas y ha quitado toda enfermedad de en medio de mí (Éxodo 23:25).

Como Moisés, traigo a mi familia delante del Señor y los lavo con el agua de la Palabra (Levítico 8:6).

Me lavaré en las aguas corrientes del Espíritu para lavarme de cualquier flujo —físico, espíritu y emocional— y seré limpio (Levítico 15:13).

Voy a hablarle a la peña de mi salvación y Él sacará agua para darme a beber (Números 20:8).

Soy como las palmas, como los huertos fructíferos plantados junto al río, como áloes plantados por el Señor, como cedros junto a las aguas. Derramará su Espíritu sobre mí como muchas aguas, y a mi descendencia le será provisto todo lo que necesita (Números 24:5–7).

Seré purificado con el agua de purificación (Números 31:23).

Soy como el árbol cuya raíz está abierta junto a las aguas,

en cuyas ramas permanece el rocío. Mi honra se renueva en mí constantemente y mi fuerza se fortalece en mi mano (Job 29:19–20).

Dios atrae las gotas de las aguas y hace que llueva sobre mí de manera que sea bendecido (Job 36:27–28).

Como el ciervo brama por las corrientes de las aguas, así clama por ti, oh Dios, el alma mía (Salmos 42:1).

Mi alma tiene sed de Dios, del Dios vivo (Salmos 42:2).

Mi alma tiene sed de Dios, y mi carne lo anhela, en tierra seca y árida donde no hay aguas (Salmos 63:1).

Envías tu agua que fluye del abundante río de Dios. Tu agua nunca se seca y produce una cosecha abundante (Salmos 65:9–10).

El Espíritu de Dios descenderá sobre mí como lluvia sobre hierba cortada, como el rocío que destila sobre la tierra (Salmos 72:6).

Has vuelto el desierto de mi vida en estanques de aguas, y la tierra seca en manantiales. Me haces morar en lugares fértiles. Me bendices y mi semilla se multiplica en gran manera (Salmos 107:35–38).

Mi corazón es como los repartimientos de las aguas en las manos de Dios (Proverbios 21:1).

Me refrescas como arroyos de aguas en tierra de sequedad. Me das refugio como sombra de gran peñasco en tierra calurosa (Isaías 32:2).

El lugar seco de mi vida se convertirá en estanque y el sequedal en manaderos de agua viva (Isaías 35:7).

El Señor me escuchará, porque soy afligido y menesteroso y en búsqueda de agua viva. Él no me desamparará. En las alturas abrirá ríos, y fuentes en medio de los valles; abriré en el desierto estanques de aguas, y manantiales de aguas en la tierra seca (Isaías 41:17–18).

Has derramado tu agua sobre mí porque estaba sediento. Inundaste mi tierra seca. Has derramando tu Espíritu y tu bendición sobre mi generación. Y brotarán entre hierba, como sauces junto a las riberas de las aguas (Isaías 44:3–4).

No tendré hambre o sed, ni seré afligido por el calor ni el sol; porque tú tienes misericordia de mí y me conducirás a los manantiales de aguas (Isaías 49:10).

El Señor me pastoreará siempre, y en las sequías saciará mi alma, y dará vigor a mis huesos; y seré como huerto de riego, y como manantial de aguas, cuyas aguas nunca faltan (Isaías 58:11).

Me has lavado con agua, y lavaste mis sangres de encima de mí, y me ungiste con aceite (Ezequiel 16:9).

Esparcirás sobre mí agua limpia, y seré limpiado de todas mis inmundicias; y de todos mis ídolos. Me darás corazón y espíritu nuevo (Ezequiel 36:25–26).

Que los arroyos de Judá corran con aguas; y salga una fuente de la casa del Señor, para que mis valles sean regados (Joel 3:18).

Que tu ángel venga y agite las aguas para que yo descienda al estanque y sea sanado de la enfermedad (Juan 5:4).

Soy santificado y purificado en el lavamiento del agua por la Palabra, he sido presentado glorioso delante del Señor, sin mancha ni arruga. Soy santo y sin mancha (Efesios 5:26–27).

Me acerco al Señor con corazón sincero, en plena certidumbre de fe, purificado el corazón de mala conciencia, y lavado el cuerpo con agua pura (Hebreos 10:22).

Contigo está el manantial de la vida; en tu luz veremos la luz (Salmos 36:9).

Seguiré el consejo del sabio, porque es manantial de vida. Al obedecer, me apartaré de los lazos de la muerte (Proverbios 13:14).

La muerte no me tocará porque temo al Señor y Él es mi manantial de vida (Proverbios 14:27).

CAPÍTULO 6

ACTIVE SU DON DE SANIDAD

Por lo cual te aconsejo que avives el fuego del don de
Dios que está en ti por la imposición de mis manos.
—1 Timoteo 1:6

HOMBRES Y MUJERES de Dios, es su responsabilidad avivar el don que Dios ha puesto en ustedes. Ustedes han sido tocados, sanados y liberados; ahora es tiempo de que retribuyan lo que han recibido. Jesús dijo: "Sanad enfermos, limpiad leprosos, resucitad muertos, echad fuera demonios; de gracia recibisteis, dad de gracia" (Mateo 10:8). No retengan de los demás lo que les ha sido dado. Permanezcan en el fluir de su unción, y mantengan su don avivado para que alguien más pueda experimentar una victoria en sus circunstancias. No sean pasivos con respecto a su don. La pasividad con respecto a la unción sanadora puede estorbar el fluir.

Algunas personas son demasiado pasivas, demasiado perezosas para avivar su don. Dejan que su don permanezca dormido, o dan marcha atrás cuando encuentran un poco de resistencia en el Espíritu. Se sientan y esperan que el siervo de Dios lo haga todo. No ejercitan su fe para demandar la operación del don. Pero usted no tiene que hacer eso; usted puede comenzar a esforzarse en el Espíritu de la misma manera que lo hizo para su sanidad y reciba la unción para pasar esa sanidad a alguien más. Usted debe resistir la pasividad con el fin de que los demás se beneficien por completo de su don.

A menudo en el ministerio, yo *comienzo* a fluir en profecía, milagros o sanidad porque percibo una *demanda*; y hay una demanda por lo que usted tiene. No hay nada que la gente desee y necesite más en lo más profundo de su espíritu que un toque de Dios. Entre más esté conectado con el interminable fluir del Espíritu, más milagros fluirán de usted. Y la gente comenzará a demandar lo que usted tiene, y usted fluirá todavía más. Es el ciclo de la oferta y la demanda una vez más. Es como purgar la bomba. Una vez que el agua comienza a fluir, sale a borbotones. Jesús dijo que de nuestro interior correrán ríos de agua viva. Todo lo que necesitamos hacer es hacer que el fluir comience. *Comenzará* cuando haya una *demanda*. Una vez que comience, continuará fluyendo hasta que cada necesidad sea satisfecha.

¿QUÉ ES LA UNCIÓN?

Pero vosotros tenéis la unción del Santo, y conocéis todas las cosas.

—1 Juan 2:20

Pero la unción que vosotros recibisteis de él permanece en vosotros.

—1 Juan 2:27

La palabra *unción* aquí es tomada de la palabra griega *carisma*. Significa un ungüento o unto (representado por untar aceite).

También significa una *dotación* del Espíritu Santo. Una dotación es un don del Espíritu Santo. Es el poder o la habilidad de Dios. Hay diversidad de dones (dotaciones o facultades milagrosas).

Demandar la operación de la unción es recibir del don o la capacidad de Dios. Usted puede recibir sanidad, liberación y milagros de esta manera. Los apóstoles, profetas, evangelistas, pastores y maestros tienen una unción dada por Dios. Tienen dotaciones o facultades milagrosas dadas a ellos por gracia. Estas dotaciones son dadas para beneficio de los santos.

Dios lo ungirá para tener una virtud sanadora en su vida, si se lo pide. La Biblia dice que no tenemos porque no pedimos (Santiago 4:2). Cuando le pide a Dios esta unción, no solamente estará en sus manos sino también en su ropa. No tenga miedo de ir con confianza al trono de la gracia en su tiempo de necesidad, si usted necesita que la unción de Dios esté activa en su vida. Usted necesita su unción para que siempre que se encuentre con personas enfermas y las toque sean sanadas. En esta era del Reino el mensaje del Evangelio necesita ir acompañado de señales y milagros. Jesús dijo que las obras que Él hizo, nosotros las haremos y aun mayores (Juan 14:12), a medida que ayunemos y oremos ese poder sanador incrementará en nuestra vida. Jesús tenía poder porque pasaba tiempo ayunando y orando. Pídale a Dios que en su vida sea soltada una unción apostólica de poder sanador, milagros y virtud. Cuando vaya al hospital, a su casa, a su trabajo, crea que los milagros de Dios serán liberados a través de usted.

DECLARACIONES PARA SOLTAR EL DON DE SANIDAD

Pido que Dios me unja para tener poder en mi vida, no solamente en mis manos, sino también en mi ropa para que dondequiera que vaya y encuentre personas enfermas, sean sanadas cuando las toque.

Padre celestial, recibo la unción para sanar en mis manos y mi cuerpo. Que la virtud sea soltada a través de mí y de mi ropa. Que tu poder sea liberado a través de mí para que dondequiera que vaya la gente sea sanada.

Padre celestial, a medida que ayuno y oro, incrementa tu virtud que sanadora en mi cuerpo y en mi ropa. Que dondequiera que vaya y a quienquiera que toque sea sanado.

Creo que milagros fluirán a través de mi vida en el nombre de Jesús.

ENTRÉGUESE AL SERVICIO DE DIOS

La gente está clamando por ti, Señor. Úngeme como lo hiciste con Benjamín y envíame a esta tierra como un capitán espiritual sobre tu pueblo, para que sea salvado de mano del enemigo (1 Samuel 9:16).

Me has ungido y me has librado de mano de mis enemigos, así como lo hiciste con el rey David (2 Samuel 12:7).

Me levantaré y me lavaré y seré ungido y vestido por el Espíritu Santo, y adoraré en tu casa y comeré el pan de vida de la mesa que has preparado (2 Samuel 12:20).

Oh Dios, voltea tu rostro hacia mí y acuérdate de tus misericordias para con tu siervo que has ungido (2 Crónicas 6:42).

En tu amor por la justicia y tu aborrecimiento por la maldad, me has ungido con óleo de alegría más que a mis compañeros (Salmos 45:7; Hebreos 1:9).

Seré ungido con aceite fresco y ahora soy fuerte como el búfalo (Salmos 92:10).

Vuelve tu rostro hacia mí, tu ungido (Salmos 132:10).

Mi carga será quitada de mi hombro, y el yugo de mi cerviz, y el yugo se pudrirá a causa de la unción sobre mi vida (Isaías 10:27).

ORACIONES PARA UNCIÓN PERSONAL

Así como Dios le dio una unción específica a Aarón, de igual forma, por razón de la unción, se me ha dado un don ministerial específico a usar, que será mío, y de mis hijos, por estatuto perpetuo (Números 18:8).

Ahora conozco que el Señor salva a su ungido; me oirá desde sus santos cielos con la potencia salvadora de su diestra (Salmos 20:6).

Dios ha preparado mesa delante de mí en presencia de mis angustiadores; unge mi cabeza con aceite; mi copa está rebosando (Salmos 23:5).

El Señor es mi fortaleza y como su ungido, seré salvado por su fuerza (Salmos 28:8).

Así como el ciego al que Jesús le dijo que se fuera a lavar a Siloé, demandaré que el poder de la unción de Dios fluya a través de sus siervos hoy y toque mis ojos, para que me pueda lavar y recibir vista espiritual (Juan 9:11).

Las misericordias del Señor cantaré perpetuamente; de generación en generación haré notoria tu fidelidad con mi boca, para que todos lo busquen por sí mismos (Salmos 89:1).

Celebraré tus maravillas, oh Señor, tu verdad también en la congregación de los santos (Salmos 89:5).

Señor, mantén tus ojos en los fieles de la tierra, para que estén contigo; ayúdanos a andar en el camino de la perfección, para que te sirvamos y haz que muchos busquen también tu unción (Salmos 101:6).

Padre, hazme como Esteban —lleno de gracia y de poder— que haga grandes prodigios y señales entre el pueblo (Hechos 6:8).

Permaneceré lleno del Espíritu Santo y de fe, para que muchos digan: "Era varón bueno", y como tu unción está sobre mi vida una multitud será agregada al Señor (Hechos 11:24).

He sido ungido para abrir sus ojos, para que se conviertan de las tinieblas a la luz, y de la potestad de Satanás a Dios; para que reciban, por la fe que es en Jesús, perdón de pecados y herencia entre los santificados (Hechos 26:18).

Primeramente doy gracias a mi Dios mediante Jesucristo con respecto a todos mis líderes ungidos, de que su fe se divulga por todo el mundo (Romanos 1:8). Que yo sea como ellos.

Permitiré que el poder de la unción de Dios traiga una cosecha del fruto del Espíritu —su amor, gozo, paz, paciencia, benignidad, bondad, fe, mansedumbre y dominio propio— que atraiga a otros a demandar la unción para sí mismos (Gálatas 5:22–23).

Doy gracias al que me fortaleció, a Cristo Jesús nuestro Señor, porque me tuvo por fiel, poniéndome en el ministerio (1 Timoteo 1:12).

Hago maravillas por el oír con fe y no por las obras de la ley (Gálatas 3:5).

Fiel es Dios que me ha llamado, el cual también hará a través de mí para lo que me ha llamado (1 Tesalonicenses 5:24).

Recibiré fuerza para concebir la semilla de los sueños, la unción y los dones que Dios ha puesto en mí. Declaro en fe que recibiré esos mismos sueños, unción y dones porque Dios que lo ha prometido es fiel (Hebreos 11:11).

La unción de Dios permanece en mí y me enseña todas las

cosas. La unción me revela la verdad mientras permanezco en Dios (1 Juan 2:27).

Ofrezco más excelente sacrificio delante de ti, oh Dios, porque me has contado como justo por la fe. Testifica de los dones con los que me has ungido, de modo que incluso después de muerto mis obras eternas aún hablen (Hebreos 11:4).

Decreto y declaro que obedeceré a Dios y, por fe, saldré adónde me ha llamado para recibir mi herencia (Hebreos 11:8).

ORACIONES QUE LIBERAN LA UNCIÓN GENERACIONAL

Así como ungiste a Aarón y a sus hijos después de él, también me has ungido y has consagrado a mis hijos a tu servicio (Éxodo 29:29).

Creo haber sido ungido por Dios como ungió a mi padre, de manera que sirva a Dios en mi don del ministerio y que mi familia le sirva por sacerdocio perpetuo, por sus generaciones (Éxodo 40:15).

Me has suscitado como sacerdote fiel y haré conforme a lo que haya en tu corazón y en tu alma que yo haga. Me has edificado casa firme para mi familia y para mí, seremos tus siervos ungidos todos los días (1 Samuel 2:35).

Eres mi torre de salvación, oh Señor, has usado misericordia

para conmigo, tu ungido, y para mi descendencia para siempre
(2 Samuel 22:51).

Gracias a tu unción en mi vida, me has concedido a mí y a
todas las generaciones futuras de mi familia gran liberación y
misericordia (Salmos 18:50).

Le creo a Dios y tomo sus advertencias a pecho. Por lo tanto,
Él refugiará a mi familia y todos seremos salvados. Por la fe,
somos herederos de la justicia de Dios (Hebreos 11:7).

Le ofrezco mis hijos a Dios y declaro que son suyos, y por la fe
recibo las promesas de Dios (Hebreos 11:17).

Bendigo a mis hijos. Tengo fe en lo que Dios va a hacer por ellos
en el futuro (Hebreos 11:20).

Continuamente bendeciré a mis generaciones futuras y adoraré
a Dios, aun en mi vejez (Hebreos 11:21).

Cubro a todos mis primogénitos —hijos, sueños, el fruto de mi
trabajo— con la sangre de Jesús y el ángel de la muerte no los
tocará sino que los pasará de largo (Hebreos 11:28).

ORACIONES QUE ACTIVAN SU UNCIÓN SANADORA

Gracias, Dios, que has escuchado mis oraciones y que has
soltado sanidad para tu pueblo (2 Crónicas 30:20).

El Espíritu del Señor Dios está sobre mí, porque el Señor me ha ungido para predicar buenas nuevas a los abatidos. A vendar a los quebrantados de corazón; a ordenar que a los afligidos de Sion se les dé gloria en lugar de ceniza, óleo de gozo en lugar de luto, manto de alegría en lugar del espíritu angustiado; y serán llamados árboles de justicia, plantío de Jehová, para gloria suya (Isaías 61:1–3).

Oh Dios, tú traerás sanidad y medicina. Tú curarás a la gente y le revelarás abundancia de paz y de verdad (Jeremías 33:6).

Insto al pueblo de Dios a temer al Señor, para que nazca en ellos el Sol de Justicia con sanidad en sus alas (Malaquías 4:2).

Como Jesús, soy soltado para ir y predicar el Evangelio del Reino, y sanar toda enfermedad y toda dolencia en el pueblo de manera que el nombre y la fama de Jesús se difunda por todo el mundo (Mateo 4:23).

Que todos los que tengan dolencias, los afligidos por diversas enfermedades y tormentos, los endemoniados, lunáticos y para-líticos; vengan a mí y que yo los sane en el nombre de Jesús (Mateo 4:24).

Acepto el llamado: Yo iré y sanaré a los que necesiten sanidad (Mateo 8:7).

Tengo compasión de los enfermos porque están desamparados y dispersos como ovejas que no tienen pastor (Mateo 9:36).

Voy a sanar enfermos, limpiar leprosos, resucitar muertos y

echar fuera demonios; de gracia recibí, daré de gracia (Mateo 10:8).

Declaro que el poder del Señor está presente para sanar a su pueblo (Lucas 5:17).

Recibo a la gente. Les hablo del Reino de Dios y sano a los que necesitan ser curados en el nombre de Jesús (Lucas 9:11).

Extenderé mi mano para que se hagan sanidades y señales y prodigios mediante el nombre de Jesús (Hecho 4:30).

Por la Palabra del Señor, la gente es sanada (Salmos 107:20).

Seré mensajero fiel que trae salud y sanidad (Proverbios 13:17).

Cuando los enfermos sean puestos a mis pies, declaro que la unción de Jesús fluirá a través de mí y que serán sanados (Mateo 15:30).

Pondré las manos en los enfermos para que sean sanados y vivan (Marcos 5:23).

Reprendo los espíritus inmundos y la enfermedad en los muchachos. Por la unción de Jesucristo, los sanaré y los devolveré al cuidado de sus padres (Lucas 9:42).

Quizá no tenga plata ni oro, pero lo que tengo es la unción para sanar a los enfermos. En el nombre de Jesucristo de Nazaret, le hablo a los que están enfermos: "Levántense y anden" (Hechos 3:6–7).

Me fijaré en los que tengan la fe de ser sanados. Los sacaré de su enfermedad diciendo: "¡Levántate derecho sobre tus pies!". Y saltarán y andarán (Hechos 14:9–10).

Visitaré a los enfermos y oraré por ellos. Les impondré las manos y los sanaré (Hechos 28:8).

Cuando los enfermos me sean traídos, podré, por tu unción, sanarlos conforme a su fe. Les declararé: "Ten ánimo, hijo; tus pecados te son perdonados" (Mateo 9:2).

Declaro que por mi gran fe, se hará conmigo como quiero. Mis hijos serán sanados —en cuerpo, alma y espíritu— desde esta misma hora (Mateo 15:28).

Puedo ver la fe de tu pueblo, Dios. Hablo sobre ellos sanidad y perdón (Marcos 2:5).

Que a los que toque sean sanados de su azote y que sean libres para ir en paz (Marcos 5:34).

Camino en la unción de Jesucristo, sanando a la gente y dando vista al ciego conforme a su fe en Dios (Marcos 10:52).

Estoy ungido con el Espíritu Santo y con poder, y andaré haciendo bienes y sanando a todos los oprimidos por el diablo, y sé que Dios está conmigo, así como estuvo con Jesús (Hechos 10:38).

Declaro que mi oración de fe salvará al enfermo y el Señor lo levantará; y si hubiere cometido pecados, le serán perdonados (Santiago 5:15).

Otros libros publicados por Casa Creación/Charisma House del apóstol John Eckhardt

Oraciones que derrotan a los demonios
Oraciones que rompen maldiciones
Todavía Dios habla

En inglés:

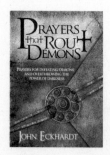
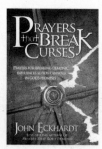
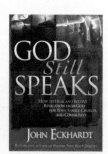

Prayers That Rout Demons
Prayers That Break Curses
God Still Speaks